日本労働社会学会年報

2008
第18号

労働調査を考える
90年代以降を見るアプローチを巡って

日本労働社会学会

The Japanese Association of Labor Sociology

目次 — 日本労働社会学会年報 18 (2008)

特集 労働調査を考える—90年代以降を見るアプローチを巡って ... 1

1. 多様な諸研究の対話の成立を目指して
   ：自動車産業労働実態調査研究再検討の序章 ……… 野原　光 … 3
2. 鉄鋼業における保全工の技能形成と労働調査 ………… 上原　慎一 … 31
   ——「企業内教育研究会」による鉄鋼労働調査研究を振り返りながら——
3. パート労働分析のために ……………………………… 三山　雅子 … 55
   ——雇用形態カテゴリー解体に向けて——
4. 労働調査とジェンダー ………………………………… 木本喜美子 … 71
   ——小売業の労働組織分析を中心に——

投稿論文 ... 93

1. エフォート・バーゲンの転換：裁量労働制・成果主義
   労務管理制度導入の意味 …………………………… 今井　順 … 95

書評 ... 131

1. 河西宏祐著『電産の興亡（1946〜1956年）
   ——電産型賃金と産業別組合——』 ……………… 山本　潔 … 133
2. 吉田　誠著『査定規制と労使関係の変容』 ………… 杉山　直 … 145

日本労働社会学会会則 (157)　編集委員会規定 (160)　編集規定 (161)
年報投稿規定 (161)　幹事名簿 (162)

ANNUAL REVIEW OF LABOR SOCIOLOGY
2008, No.18

Contents

Special Issue   Considering Labor Survey Research in the 1990s

1. Towards the Dialogue among Various Studies with Different Orientation:
   The Introductory Chapter to Reconsider Research Results of Work
   in Automobile Industry during These Twenty Years   Hikari Nohara
2. Skill Formation of Maintenance Worker and Labor Survey Research
                                                                Shinichi Uehara
3. Rethinking Part-time Work in Japan   Masako Mitsuyama
4. Social Research on Work from Gender Perspectives:
   Focusing on Analysis of Work Organisation in Retail Industry   Kimiko Kimoto

Articles

1. The Transformation of Effort Bargain: The Impacts of the Introduction
   of Results-Oriented Labor Management and the Discretionary Work System
                                                                       Jun Imai

Book Reviews

1. Hirosuke Kawanishi, *The History of DENSAN (1946~1956)*   Kiyoshi Yamamoto
2. Makoto Yoshida, *Labor Union's Restriction on Merit Rating and
   Transformation of Labor Relations in Nissan Wage Policy of JAWU
   and its Nissan Local's Fights*   Tadashi Sugiyama

The Japanese Association of Labor Sociology

特集 労働調査を考える――90年代以降を見るアプローチを巡って

1 多様な諸研究の対話の成立を目指して
 ：自動車産業労働実態調査研究再検討の序章 　　野原　光

2 鉄鋼業における保全工の技能形成と労働調査　　上原　慎一
 ――「企業内教育研究会」による鉄鋼労働調査研究を振り返りながら――

3 パート労働分析のために　　三山　雅子
 ――雇用形態カテゴリー解体に向けて――

4 労働調査とジェンダー　　木本喜美子
 ――小売業の労働組織分析を中心に――

多様な諸研究の対話の成立を目指して
：自動車産業労働実態調査研究再検討の序章

野原　光
(長野大学)

1. 実態調査研究の検討の視点

(1) 問題の所在
1) どうして事実認識の違いが生まれるのか、という問いの必要

　1980年代の日本的経営の良好なパフォーマンスに刺激されて、それを新たな視点から捉え直そうという研究潮流が国際的な規模で巻き起こった。この日本的経営のパフォーマンスを支える主要要因として、その労働現場を再吟味する研究も活発に引き起こされた。ところが、この労働現場を肯定的に見るか、否定的に見るか、いずれが正確な現状認識なのか、1990年代から2000年代にかけての実態調査の積み上げにもかかわらず、この点には、未だに決着がついていない。これは何故だろうか。

　多くの研究は、「肯定論者」、「否定論者」、いずれが労働現場の正確な事実認識を提出しているか、というふうに問題を設定しているが、どうしてこういう事実認識の違いが生まれるのか、という問いの設定はない。このことが問題の決着を妨げる要因になっているのではないか。

　問題の決着には、何故、後者の問いが必要なのか。この問いの必要の自覚は、じつは時代認識に由来する。第一に一般論としていえば、これだけ価値観が多様化し、錯綜している時代には、一昔前なら口もききたくないほど考え方が違い、したがって事実認識も違ってくる、そういう相手を論難の対象、縁なき衆生と見るのでなく、合意形成の可能性を探るパートナーとみなさない限り、改革の方向についての社会的な合意形成の道が開けない。何故、考え方、事実認識が違うのか、という問いがなければ、その違いの克服の方法は分からない。したがって、合意

形成の端緒すら得られない。もはや論敵をイデオロギー暴露という手法で批判すべき時代ではない。

　第二に、より具体化していえば、この、どうして事実認識に違いが生じるのかという問いがなければ、見方の違いを克服する端緒も開かれないから、見方の違いは、いつまでたっても同じ次元で再生産される。したがって同質の事実認識の違いも再生産される。本稿で検討の対象とする領域にひきつけていえば、21世紀に入って、「リーン・プロダクション」が、再びもてはやされるようになった今日から振り返ると、「リーン・プロダクション」をめぐる、かつてのポスト・フォーディズム論争には、この問いがなかったから、見解の違いの確認だけが残り、その到達点に、今日を解く力がないのではないだろうか。

2) どうして事実認識の違いが生まれるのか、という問いに、如何に応えるか。

　以上の点からして、どうしてこういう事実認識の違いが生まれるのか、という問いは不可欠だといっていいだろう。ところでしかし、それでは、この問いには、なんと答えればいいのだろうか。この点では、三つの点を指摘しなければならない。まず第一に、何と比べて「肯定的」ないし、「否定的」評価をおこなっているのか、という点である。このときの参照基準は、労働者の主権が確立しているとみなされる理念型的な社会主義モデルなのか、あるいは、職人労働の現場なのか、さらには欧米型のフォード生産システムの労働現場なのか、はたまた北ヨーロッパ福祉社会の労働現場なのか。どこを基準にして日本の労働現場を見るかによって、その評価もまた異なった色彩を帯びてくる。

　第二には、何に関心を持って労働現場を見ているのかという、問題を見る視点の違いである。観察対象は労働現場だといっても、実際に観察しているのは経営か労働か。つまりどのような労働が経営目的の実現にふさわしいかという観点から労働を見ているのと、労働者主権がどの程度実現しているかという観点から見るのとでは、同じ労働現場も違って映し出される。

　第三には、評価するときに見ている対象は何か、という点である。観察しているのが労働だったとしても、労働内容か労働条件か、中核的な労働者か周辺的存在か、単純定型労働か熟練工的職種か。こうした比較検討の対象の違いによって、

評価もまた異なってくる。

　以上のように、評価の参照基準、評価の視点、評価の対象が、事実認識の違いを生んでいるとすると、それぞれの個別の実態調査研究が、それとして明示していない、この三点の前提を明らかにすることで、それぞれの事実認識の違いの根拠は相当程度まで、明らかになると思われる。

3）研究の方法的前提：マックス・ウェーバーの「価値自由」論と内田義彦の「レトリック」論

①マックス・ウェーバーの「価値自由」論

　以上、社会的な合意形成のためには、どうして事実認識の違いが生まれるのか、という問いが必要なこと、そしてこの問いに答えるには、三つの関心の焦点の所在を自覚する必要あることを示した。この点を確認して、研究蓄積を振り返ると、労働現場の評価における大きな、もしくは微妙なずれは、解きたい課題あるいは評価の基準（参照基準と視点）、もしくは両方共がずれているのに、論者それぞれにおいて、自分の課題と評価の基準とが、必ずしも鮮明には自覚されていないから起こることなのではないか。個別研究の間のそのずれが相互に自覚されていないからではないか。

　このように考えると、社会科学方法論論争におけるマックス・ウェーバーの「価値自由」論とは何だったか、この点を想起することの重要性に改めて思い至る。ウェーバーの「価値自由」論は、誤解されているところと異なって、価値関心を語るなと述べているのではない。要点は、価値関心を鮮明に語れ、自覚せよ。しかる後に、分析の世界に価値関心を持ち込むな、すなわち、分析手続きは、分析者と価値関心を異にする者が読んでも、了解可能なようにおこなえ、という点にある。今日の大理論の崩壊と価値観分裂の時代には、とりわけこの点は重要である。価値関心の所在を明示しながら、しかし価値観先行の分析でなく、価値観を禁欲した客観的分析――問題の選択は価値関心によっているが、分析の過程には、価値観は「排除」されている――の累積が、共通認識を広げ、価値観の共有を広げるからである。価値観の共有をはかるためにこそ、互いの異なる価値観を鮮明にしながら、しかし、価値観そのものを、分析の中で、直接に語るな、という逆

説的方法である。

②内田義彦の「レトリック」論
　しかし、認識する者の社会認識は、その価値関心に拘束されるから、完全に主観を排除した客観的分析というものは、社会科学には存在し得ない。それでは、分析過程に価値観を禁欲した「客観的」分析とは一体どのようなものか。主観を排除し得ないが、客観的たらんとする分析とは、如何なるものか。この点で、この問いは次のように言い換えられる必要がある。すなわち、分析者と価値関心を異にする者が読んでも、了解可能な分析手続きとは如何なるものかと。
　この問いに、社会科学の分析過程を対話・説得の過程として捉え直し、独特の工夫を提案することで応えようとするのが、アダム・スミスを踏まえた内田義彦の「レトリック」論である。「レトリック無用の社会」(内田 1981：99) とは、「直接共感だけで支えられている」社会であって、それは一元的価値観が支配している社会、或いは、特定の大理論が、当然の認識枠組みとして人々に無前提的に受け入れられている社会、或いは直接共感以外のものを必要としない狭い仲間集団、そういう世界である。
　だが我々はそうでない多様な価値観がひしめき合う世界に生きている。或いは、狭い特定の仲間集団を超えて、広く世界の見知らぬ人々との間での共通了解の形成を目指している。そのようなばあいには、「レトリックはすなわち話し手と聞き手の双方の共同による現実の論理的考察と再現の術」として、決定的に重要である。言い換えれば、「レトリック」とは、「どうトピックを決め、どういうふうに話を進めたら、相手方の納得、同感を当然に――「適宜性」を備えて――得られるか」という点の吟味の結果選択される。つまりどのような「レトリック」をもって対話・推論を進めるのか、この点について、我々は明晰な方法的自覚を持つことを求められている。
　内田義彦は、このために、三つの異なる「レトリック」を用意する。ソクラテス的方法というのは、天動説に代わって地動説が浸透していったばあいのように、誰でも認めるごく常識的な最小限の前提を出発点にして、そこからひとつひとつ共通了解を増やしながら、全体に及ぶ方法である (102-104)。「アリストテレス

的方法というのは、ひとつのことについてある原理を用いて説明し、次に移ったばあい、それに合った別の原理を持ち出すというふうにして全体に及ぶやり方」(100)である。さらに「ニュートン的方法というのは、まず最初に、ひとつの極めて簡単な原理を述べ、新しい領域に入ってゆくごとに、その同じ原理が如何に形を変えて現れるかというやり方で述べる方法」である。

　この三つの「レトリック」(文体)を区別した上で、内田は、「当面のイッシューに対する聴衆の意見と論者の意見が同じであることが分かっているばあいには」(102-103)、アリストテレス的方法が有効だが、「聴者が論者と違う意見を持っているばあいには、ソクラテス的なやり方が効果的」だとしている。つまり内田を踏まえれば、「レトリック」(文体)とは、ひとに何かを伝えるときのその方法のことである。したがって、伝える主題の性格と、主題と相手との関係に即してその方法は適切に選ばれなければならない。つまり主題が特定の論点なのか、有機的な連関をなした全体的な構造なのかに応じて方法は異なる(アリストテレス的方法とニュートン的方法)。また主題が相手の部分的承認を得ているかどうか、その部分的承認はどの程度までのものか、に応じて方法は異なる(アリストテレス的方法とソクラテス的方法)。そのように考えると、今日の時代には、多くのばあいにソクラテス的方法がふさわしい。

(2) 実態の分析・叙述の方法と視点
1) 実態の分析・叙述の方法：生産システムと労使関係の分析的区別

　(1)のような方法的な問題の所在を踏まえて、とりわけ評価の分かれる1990年前後以降の自動車産業の労働現場の調査研究の検討に当たり、著者は次のような課題設定、評価基準、分析方法をとろうと思う。課題設定も、評価基準も分析方法も、一つしかないわけではない。しかし、あり得るいくつかのアプローチのうちに、著者のようなものもあり得るか、この点を検討の俎上に載せていただければ幸いである。

　さて我々が考察の対象とする「労働現場」とは何か。それはいうまでもなく、現代の製造業の工場生産の労働現場である。工場生産は、或る特定の生産システム＝ものづくりの仕組みのもとで集団労働としておこなわれる。つまり生産シス

特集　労働調査を考える

テムが、集団労働の特質、分業の性格、分業の元での個々の作業者の労働の特質を第一次的に規定する。したがって集団労働がおこなわれている生産システムの構造は如何なるものか、その構造は、如何なる集団労働と分業と個々の労働を必然化するか、この点を明らかにする必要がある。ところで、現代社会で、生産システム＝ものづくりの仕組み、を作り出すリーダーシップを握っているのは誰か。経営である。したがって、まず経営がどういう生産システムを作り出しているか、に注目する。

2）実態を分析する視点と評価基準

　その上で、その作り出した仕組みが、如何なる性格を持つかを、次の四点に焦点を合わせて吟味する。第一に、ものづくりの仕方としてどういう合理的な内容を含んでいるか、及び労働の仕方としてどういう人間的内容を含んでいるかという点である。以上は、人類の産業史において継承すべき点の確認である。いわゆる「肯定的評価」という側面である。

　なおここで、「ものづくりの仕方として合理的な内容」といったのは、物財と人間労働がどこまで最適利用されているか、ということである。

　「労働の仕方としてどういう人間的内容を含んでいるか」という点を少し説明しよう。考えるひとと、考えたひとの命令に従って実行するだけのひとという分業（構想と実行の分業＝テイラーリズム）が、人間の支配と抑圧を引き起こす。そして、この実行するだけ、つまりやらされるだけの仕事（Mac. Job）に緊縛されることが、労働の非人間化であり、これへの生涯にわたる緊縛が、人間の人間への隷属をもたらす。これがテイラーリズムの引き起こす構想と実行の分離の問題点である（野原 2006：第2章）。したがって、市場にさらされる企業、さらに企業に雇用される労働という条件のもとで、今日どのレベルまでの構想を作業者の手に回復することが可能なのか、これが課題になる。この回復がどの程度実現しているか、これが労働の人間化の程度を示す。つまり、「労働の仕方としてどういう人間的内容を含んでいるか」とは、構想労働と実行労働を分離するテイラーリズムの基本原則からどの程度乖離しているか、ということである。

　第二の関心の焦点は、この生産システムが経営のリーダーシップによって生ま

れたという点に関わる。経営活動は利潤を追求しなければならないという、逃れられない制約要因のもとでおこなわれる。さらに現場における労働の人間化は、経営の第一義的関心事とはならない。何故なら、経営は現場労働の直接の当事者ではないからである。この二つの事情のもとで、ものづくりの合理性を追求する結果、その生産システムは、ともすると、どういう非人間的な労働の仕方＝分業編成を含むことになるか、及びどのような労働強化を含むことになるか、これが第二の関心の焦点である。ここで「非人間的」とは、テイラーリズムの基本原則にどれだけ近いか、という意味で限定して用いている。この点は、いわゆる「否定的評価」に関わる。なお、この第二の関心の設定の仕方は見られる通り、資本の課題は、もっぱら労働を如何に搾取するかにある、という観点をとっていない。と同時にまたどのような労働の非人間化と強化があるかという関心を維持している。

　第三の関心の焦点は、第二点としてあげた、生産システムそれ自体に含まれている労働の非人間化の傾向と労働強化はどうすれば緩和できるか、ということである。この点は主として論理的な推論によって導き出されることになるだろう。関心はここでは、見られる通り「緩和」にあって、一挙的改革にはない。

　第四の関心の焦点は、この生産システムが、特定の社会の労使関係・経営実践の中におかれると、どのような労働現場の実態が現れるか、という点である。分かりやすい事例でいえば、特定の生産システムのもとで、労働の単純化として標準化が進めば、この労働は短期の非正規雇用を導入することを可能にする。つまり、或る生産システムは、特定の雇用形態と常に結びつくわけではないが、例えば非正規雇用が増大すれば、この生産システムと雇用形態の結びつきは現場に、或る固有の労働実態を作り出す。また或る生産システムは敵対的労使関係のもとでは有効に作動し得ないとしても、必ずしも経営志向的な労使関係のもとでしか作動しないわけではない。

　つまり、生産システムをまずそれとして分析的に抽出し、その構造を明らかにした上で、その構造それ自身が必然的に生み出す労働の特質を明らかにする。したがって如何に現実が過酷でも、その実態が生産システムから論理的に導き出されるものでなければ、生産システムを論じている限りは、取り上げることができ

特集　労働調査を考える

ない。

　こうして生産システムとその帰結としての労働の特質を描き出した上で、しかる後に、現実に存在する労使関係を導入することで、総体としての現場の労働実態が明らかになる。このような分析手順の妥当性と、このような方法で最終的に実態の分析的な解明に、果たして到達し得るか、以上の点が検討を求められる。

　こうした方法をとることで、それぞれの生産システムの合理性と人間化の側面を、保存しかつ他の生産システムから吸収するために、そして労働の非人間化と労働強化を除去するために、生産システム相互間の相互学習と、その混合化（ハイブリット化）の方法、移転可能性、労働負荷の回避の途の発見と、いずれもが可能になる。さらに加えて、生産システムまたは経営の効率にもっぱら関心を集中させる研究者・実務家との共同討論の土俵の設定も、こうした方法によって、可能になるのではなかろうか。

　以上のように、ものづくりの合理性と労働の人間化、これが関心の焦点（視点）であり、これがどの程度まで実現しているか、これが評価の基準である。関心の対象は、生産システムに必然的な労働と、現実の職場における労働であり、いずれを対象としているのかを明晰にすべきであるというのが、筆者の主張である。

　石田光男は、（石田等 1997）において、生産システム分析という方法について、「原価低減や品質確保の業務は、『生産システム』からの強制では部分的にしか説明できない。それは機械が停止しないようにするという強制は働いても、10人でおこなっていた作業を9人で行うようにするという強制は、『生産システム』からは自動的には働かないからである。10人を9人にするという職場の行為は、『生産システム』とは別に経営内部にもうけられた刺激と統制の仕組みから説明されなくてはならない」（石田等 1997：6）と述べている。重要な指摘である。日本の労働現場の現実を理解するにはこうしなければならないという点に何の異存もない。と同時にこの叙述は、筆者から見ると、重要な二つの理論的含意を示している。すなわち、生産システムの特質がある労働の質を必然化する、と同時に、職場の現実は、一義的に生産システムから引き出されるものではなく、それに経営の政策が重なり合って導き出される、ということである。現実のうち、生産システムから説明できる部分と、それを踏まえて、経営内部の刺激と統制の仕組みか

ら説明しなければならない部分があるということである。

　富田義治もまた生産システム分析、しかる後に労使関係を導入して、現実を把握するという方法を承認した上で、しかしもし労働現場の現実そのものを捉えようとするならば、生産システム分析にとどまることなく、そこからただちに、労使関係を導入した現実把握に踏み出すべきであると主張している（社会政策学会2007年10月）。筆者もその必要は承知しているし、1990年代以降の筆者の仕事にこの点が欠けていることも自覚している。本稿の90年代以降の研究動向の検討は、こうした欠落を埋める現実分析に踏み出すためには、どのような論点に留意すべきか、この点を確認するための予備的検討という性格をも持っている。

2. 業務総体の体系的把握と対応する労働組合の機能：石田光男・藤村博之・久本憲夫・松村文人著『日本のリーン生産方式——自動車企業の事例——』の検討

　以上の観点から自動車労働職場の実態について、1990年代以降の研究をつぶさに検討しようと思う。だが予想を超えて検討に手間取り、かつ草稿の分量も学会誌の許容量をはるかに超えている。そこで本稿では、その嚆矢として、（石田等 1997）を「業務総体の体系的把握と対応する労働組合の機能」という主題に引きつけてのみ取り上げる。（石田等）の提出したその他の論点、及び1990年代以降の多彩なそのほかの研究の検討については、2008年春から、順次『長野大学紀要』に掲載予定である。このような事情から、本稿の構成はまことにいびつなものとなったが、今後の連載論文と合わせて、一つの研究史総括として纏めるつもりなので、その点に免じてお許しをいただきたい。

(1) 業務総体の体系的把握
1) 業務の総体を体系的に叙述せよ、という方法論

　石田光男は、従来の日本の自動車企業の労働実態調査研究について、次のように述べている。肯定派、批判派「いずれも現実の特定の側面を恣意的に強調した解釈のように思われる。サイクル・タイムに規定された定常業務についていえば批判派の意見に分がありそうであり、他方、提案やQCや改善活動に目を向ければ肯定派に分があるように思われる。重要なことは解釈や意見ではない。定常業

務、提案、QC、改善活動を職場の業務全体としてとらえ、相互の論理的連関を正確に記述できるかどうかにあるのではないか」(石田等「はじめに」：2)。ひいては業務にとどまらず、「業務、分業、個別的労働取り引きの態様を体系的に記述するにはどのような方法をもってすればよいのかがあくまでも問われている」(「はじめに」：3)

2) 業務の総体の「体系的」把握

①労働支出のルールの表現物＝業務計画把握の必要

では石田はどのようにして、業務の総体を「体系的」に叙述しようとするのか。石田はまず、労働力商品の売買の特殊性に着目する。労働者が何と引き替えに労働力を売るかという点での労使合意は、賃金表に表現される。この賃金表に対応するものとして、その賃金表と引き替えに売られた、やはり労使合意の結果としての労働支出のルールの表現物、すなわち業務計画を把握することの必要性を石田は力説する。何故なら、「一般商品と違って人格に担われたこの特殊な商品(労働力商品―引用者)は賃金との交換で購入したからといってただちに買い手の期待する使用価値〔＝有用労働の支出〕を保障するものではない」(1)。したがって「買い手である企業経営としては、―中略―有用労働の支出を確保する特有の手段を兼備しなくてはならない」(2) からである。これが労働支出のルールであり、このルールは業務計画の策定と実施として具体化される。したがって、この業務計画の策定と実施の過程を叙述することによって、業務の総体は「体系的」に叙述される (1-4)。

②生産目標の具体化過程の包括的分析

たしかに経営は、企業全体としての生産目標を設定し、それを各部署の具体的な業務遂行計画として具体化する。しかも日本のばあい、この生産目標は過去の実績の再現ではなく、それを高い水準で常に上回る。このようなことが一体、如何にして実現可能なのか。この課題は、工場の生産目標が、各職場の実情を踏まえながら、しかしその実情の「改善」をあらかじめ前提して、どのように、各々の職場の業務計画に具体化するのか、そしてこの計画をたんなる計画にとどまら

多様な諸研究の対話の成立を目指して：自動車産業労働実態調査研究再検討の序章

せることなく実現するために、人々をどのように、動員し続けているのか、以上の点を過不足なく叙述してみせることによって、初めて具体的に解かれたことになる。またこうすることによって初めて、「生産性優位」が、「職場組織のどんなありよう」(「はじめに」: 5) によって実現しているのかも明らかになる。さらにこうした「体系的」叙述のばあいには、「業務計画」実現の手段として、「定常業務、提案、QC、改善活動を職場の業務全体としてとらえ」(「はじめに」: 2) ざるを得ない。どれか一つだけ取り上げるというわけにはいかない。

　以上のような意味で、石田が分担執筆した第一章は、工場の生産目標が、末端の職場と個々の作業者の作業とにどのように具体化されるのか、この点を体系的に描き出した、筆者の知る限り初めての実態調査研究である。困難な包括的課題が、強靭な問題意識と明晰な分析枠組みによって、解明されている。石田の体系的叙述が如何に優れたものかは、その骨格を再現することによってのみ、説得力をもって示すことが可能となるのだが、それは紙数の関係からここでは不可能である。2008年春以降の『長野大学紀要』掲載の拙稿を参照されたい。

③目標達成に向けた動員装置の解明

　加えてこうした「体系的」叙述において、石田の次の強調は重要である。すなわちいう。「目標設定自体は比較的たやすくても、困難は目標の達成に向けて如何にその努力を持続させるかである。―中略―大切なことは、『勤勉』や『頑張り』一般が何故に存在するのかと問題をたてるのではなくて、方針管理上の目標を達成するための諸活動は如何なる仕組みのもとで」(14) 実現するかであると。あるいは、また検討すべき課題は、「頑張れば報われる」報酬の仕組みと同時に、「目標達成に向けて組織を動員する装置としての組織的規制」(57) の把握だと述べている。すなわち、石田は、生産性向上に向けて、作業者を絶えず動員し続けてゆくためには、昇給・昇進という一般的なインセンティブ・システムだけでは不十分で、日々の日常の労働において、作業者をその方向に駆り立てる具体的な仕組みが必要だとしている。この作業者を駆り立てる具体的な仕組みの分析の不在は、筆者らの分析についても指摘された（社会政策学会2000年10月）。

　この点の指摘は、日本の製造職場の現状を捉える上で重要である。昇給、昇進

制度は、たしかにインセンティブ・システムとして機能する。だが、working かされる
者を如何に働かせるかという観点から見れば、これだけでは不十分なのである。
何故なら、昇給・昇進制度は、通年の作業者の働きに基づいて、事後的に評価を
与えるものである。それは、個々の作業者の特定時点における、個々の特定の行
動を或る方向に向けて具体的に軌道づけ、駆り立てるものではない。こうした具
体的な一個一個の行動を特定の方向に誘導し駆り立てるためには、一般的な昇給・
昇進制度以外に、「目標達成に向けて組織を動員する装置としての組織的規制」
が具体的に機能しなければならない。

3) 労務管理の質
①労働支出に関する労使間ルールは存在するか

　以上の達成を踏まえて、さて、こうした業務計画の具体化過程で労働者を、そ
の過程に動員する方策として労務管理がある。この労務管理の質について、散見
する幾つかの石田の指摘のうちに、共通した看過できない特質があるように思う。
この点を見よう。まず次の指摘を見よう。「労働の支出〔普通の言葉で言えば働
き方〕を総括的に把握する方法は何か。ここでのポイントは、労働の対価の研究
に於いて、賃金表というルールの表現物を方法的橋頭堡にしたのと同様に、そう
した表現物を探すことにある。だが働き方を表示した表はそのものとしては存在
しない」(3)。要言すれば労働の支出を表現する総括表、すなわち賃金表に相当
するものを探す必要があるが、これは「そのものとしては存在しない」。だから
職場の業務計画の実施過程を仔細に跡づけることによって、存在しない総括表の
代替物を探し出せ、というのである。
　こうした観点から従来の職場の「働き方」の研究の問題点を次のように総括す
る。「我国の反対給付の構造上の特徴が賃金管理を通じての個別性にあるのに対
応して、労働給付の側の個別性が如何なる管理を通じて設定されているかが明ら
かにされなくては、労使関係論はその対象の論理構造を反映すらしていないこと
になるのである」(5) と。
　しかし、問題は、石田がここで「労使」というとき、この「労」とは、労働組合
ないしなんらかの労働者集団のことなのか、あるいは、個々の労働者のことなの

か、この点が明確でないことにあるように思われる。労働給付のばあいには、その決定が如何に個別的であろうとも、それは賃金表という総括的合意が経営と労働組合とのあいだで定められて——合意形成の際の圧倒的な力関係格差についてはここではひとまず措く——、この総括的合意の枠内で、個別的に労働給付が定められる。それは総括的合意を欠いた反対給付の個別的決定ではない。

これに対して、労働支出のばあいには、この総括表が「そのものとしては存在しない」。

しかし、賃金表に対応する、労働の質と量を規定するルールとしての総括表たる「業務管理」表というものが存在しないことは何を意味するのか。それは、労働支出の個別的決定が依拠すべき総括的な合意が、経営と労働組合とのあいだで存在しない、ということではないのか。労働組合と経営とのあいだの合意とは、個別の労働者の処遇を個別的に決定することではなく、個別的処遇に関するルールを定めることであるとすれば、この総括的合意がないということは、個別的処遇に関して、組合と経営とのあいだで合意されたルールがないということである。

もちろん経営と労働組合とのあいだで労働支出に関する総括的合意がなかったとしても、職場に労働支出に関するルールは必要である。ルールがなければ、集団労働においては、職制も労働者も恣意的に動かざるを得ないから、職場に混乱が起こるだろう。この混乱を回避するためには、なんらかのルールは必要である。

問題はこのルールがどのように決まるのかという点である。経営が一方的に定めるのか、経営と職場の作業集団とのあいだでのなんらかの「折衝」を経て決められるのか、あるいは、個別の労働者とのなんらかの「折衝」を経て決められるのか、いずれであろうとも、労働組合との間で労働支出に関する総括的合意がないところでこれが決まるのであるから、労働支出のあり方は、現場の労働者に著しく不利に決まることになるだろう。

何故なら、総括的ルールを欠いたところでの、つまり労働組合の制度的サポートを欠いたところでの個別の「折衝」とは、上命下服のルールのもとにある組織の中で、そして人事権を一方的に経営に握られたという条件のもとで、経営と個々の労働者が「折衝」することを意味する。労使間の圧倒的な力関係格差を前提にするまでもなく、経営の優位が「折衝」に作用することは明らかであろう。したがっ

て、労働支出と反対給付は、著しい不等価交換になる可能性が大きい。労働支出に関する総括的合意の不存在が、そういう合意を持つという可能性が、石田によって一顧だにされなかったのは何故だろうか。

②「人間関係能力」評価の含意

本書の文脈そのものからいえば、主要な叙述ではないが、A社の事例に即して、日本企業の「人間関係能力」について、石田は次のように指摘している。「職務遂行能力要件は、実は業務遂行能力、問題解決能力以外に人間関係能力から構成されている。日本企業の能力概念に人間関係能力が不可欠の要素として入っていることは、職場というものを目標に向けてのエゴイスティックな弱肉強食的な競争の場にしてはならないという日本の優れた職場観の実体的基礎となっている。そこには『相手の気持ちを敏感に感知することが出来る』とか、『下位職位者の指導が出来る』とか、『意見のとりまとめが出来る』とかの美しい人倫的規定がある」(18)。

理論的分析枠組みの重視と、しかし価値判断を直接に叙述に投影せずに事実そのものに即する態度、これが石田の研究姿勢だと思ってきた筆者は、このような叙述に出会うとひどく当惑する。石田は、「優れた職場観」とか、「美しい人倫的規定」とかいう直截な最大級の褒め言葉に何を込めようとしたのだろうか。当初は、なんらか言外の意味を込めてわざわざこのように書いたかとも思ってみたが、やはり字義通りの石田の判断だとして対応するのが、読者としての正当な態度であろう。

さて、「人間関係能力」の構成要素として、「相手の気持ちを敏感に感知することが出来る」とか、「下位職位者の指導が出来る」とか、「意見のとりまとめが出来る」という要因だけをあげて、「能力概念に人間関係能力が不可欠の要素として入っていること」は「エゴイスティックな弱肉強食的な競争の場にしてはならないという日本の優れた職場観の実体的基礎」だと結論するのは、要因の選択において、かつこれらの要因がどのような力関係のもとで機能するのかという点を考察していない点で、恣意的ではなかろうか。まず、研究者の通常の理解では、いわゆる「人間関係能力」の構成要因として、石田があげた以外に、「職場におけ

る協調性」や、「勤務態度」があるはずである。そして例えば、当日になって要求される残業を断ることは、「協調性」や、「勤務態度」の点で問題ありとみなされる。つまり、これらの省略された要因は、ロイヤリティ調達の機能を果たしており、「人間関係能力」の構成要因としては、これらを無視できないことはよく知られている。

　しかも労使協議によってではなくて、経営が排他的に「下位職位者の指導が出来る」とか、「意見のとりまとめが出来る」とか判断するのであるから、このときその「指導」、「とりまとめ」は無方向的ではあり得ない。少なくとも経営から見て好ましからざる「指導」や「とりまとめ」、例えば、経営が妥当だと考えている労働支出のあり方が、労働者から見て過重であるという方向への「指導」や「とりまとめ」は、「指導」や「とりまとめ」ではなくて、生産阻害的な「扇動」とみなされるだろう。つまりなにを誰が「指導」や「とりまとめ」と判断するかによっては、これらは「美しい人倫的規定」としては機能しないこともあり得る。イデオロギー的支配を含めた力関係によっては、これらは、もっぱら経営の意志貫徹のための規定としても機能し得る。こうした論点が石田によって無視されているのは何故だろうか

③人事考課の非公開

　B社の人事考課の結果をフィードバックしない、という方針の理由を考察して、石田は次のように述べている。「人事考課の結果をフィードバックせずに曖昧にしておく、そのためには昇給表も職能給表も公開しないというあまりに経営権優位に写る管理方式の背後には、認知行為の重視という労務管理哲学が働いている」(68)。「人事考課の結果を何故オープンにし得ないのか。その理由に関する人事部の言説はこうである。『会社としての判断は、―中略―一番最高点をもらう人以外は気分は良くないだろう、年に2回も3回もあなたは一番高い評価をされていないですよということを絶えず言い続けることが、どれだけの意味があるのかと。あなたはこう云うところを改善すればいいですよ、と前向きな格好につなげていかないと、考課の公開は意味がない。』」(68-69)。なお、ここでいう「非公開」は、「年に2回も3回もあなたは一番高い評価をされていないですよということを

絶えず言い続けることが、どれだけの意味があるのか」という引用から推察できるように、単に他者に対してのみならず、考課の対象に対しても非公開だということを意味するものと思われる。

なるほど、人事部の主観的な意図としてはこうだろうし、石田の見た職場にある気分もこの非公開を受け入れる方向に作用しているのだろう。だが経営の主観的な労務管理哲学だけを紹介して、経営権の圧倒的な優位のもとで、人事考課の結果の非公開が如何なる社会的機能を持つか、この点を一顧だにしないのは、「非公開」の考察としては、著しく一面的ではないか。当然のことだが、人事考課の基準を明確に示さず、結果を本人に明らかにしないことは、基準の妥当性を検討することを不可能にし、基準に基づく考課が妥当かどうかを検討することを不可能にする。つまりそこには経営の操作・恣意が入り得るのであり、かつ非公開にしておくことで本人のコントロールをより容易にする。このような側面の吟味を怠って、単に労務管理哲学を紹介するだけでは、人事考課への言及としては公平性を欠くといわざるを得ない。

念のためにいえば、非公開の人事考課が必然的に労働者の処遇の不公平を生むと主張しているのではない（野原 2003）。

④労務管理の質

以上の三点の考察を通じて、何が浮かび上がったか。労働支出に関する労働組合との総括的合意が存在しない条件下での労働支出の個別的決定、労働組合の規制がない条件のもとでの、経営による「人間関係能力」の一方的評価と非公開の一方的人事考課、これらが労働の非人間化と労働強化の方向に働くことはないのか、という点への吟味がないということである。労使間に圧倒的な力関係格差を想定しなくても、労働組合との総括的合意が存在しないところでの労働支出の個別的決定に労働の非人間化と労働強化の方向性を切り替える力はない。「人間関係能力」の一方的評価と非公開の一方的人事考課も同様である。経営が労働の非人間化と労働強化をそれ自体として追求しているわけではないが、競争圧力の中でものづくりの仕組みの合理化をはかるとき、チェックの機能が働かない限りは、その方向に流れてゆかざるを得ない。日本の労使関係に圧倒的な力関係格差を想

定するならばなおさらのことである。

したがってまた、経営の方針が実際に具体化する職場で、その具体化にチェックの力が働かないばあい、経営の言説はその通常の含意とは異なって機能することに、十分な顧慮が払われていない、という点も指摘しておかなければならない。

(2) 労働組合の役割
1) 労働組合の役割
①労使交渉過程における日本の労働組合の役割

さて石田によれば、労働支出のルールは業務計画の策定と実施の過程として具体化される。したがってこの過程にどのように労働組合が影響力を行使しているのか、この点を明らかにすることで、労働支出のルールに対する労働組合の影響力の行使の全体も体系的に明らかにされることになる。賃金ルールと労働支出のルールの設定に労働組合ががどのように関与するか、以下この点を吟味しよう。

久本憲夫は、「日本の労使関係を検討するばあい——企業経営に対抗することが労働組合の役割であるという暗黙の前提を疑わなければならない」(269) という。何故なら、「企業業績」については、「組合としても組合員の処遇改善の前提として無関心でいるわけにはいかない」。そして、「現代日本の代表的な大企業のばあいには、従業員の処遇の向上は企業目的のひとつである」(269)。したがって、「その意味では労使間に原則的な対立は存在しない」(269)。では日本の労働組合の現実に果たしている役割は何か。この点について、久本はいう。「生産性向上をとおして企業の成長・発展を図り、それによって労働者の生活安定・向上を図るという共通の利害を前提としながら、企業経営としてのトップダウン的意志決定と一般労働者からの公平感・安心感のボトムアップ的要求との妥協・すりあわせこそが、企業内労使関係の内実をなしている」(271) と。

例えば具体的に賃金制度見直しのプロセスを見ると、「最初に完成した会社案があり、それを労使交渉の中で修正するということではなく、改訂の方向から始まって、最後の具体的な細目に至るまで、実態としては、組合執行部なり、職場展開中での一般組合員＝従業員の考えなりを継続的に吸収する中で、労使がともにより望ましい改定案を作り上げて行っている」(317) という。

この久本のいうところを敷衍してみよう。会社の賃金制度改定の策定主体としての人事部門は、上からの一般的指示により、漠然とした改訂方向を組合に示す。組合員の意向集約機関としての組合は、組合員の意向を聴取して、これに意見を述べる。この意見をも考慮に入れて、会社人事部門は、改訂方向を確定する。この改訂方向に基づいて、会社人事部門は、具体的な賃金制度の改定案を作成し、これを意向集約機関としての組合にはかる。組合は、組合員の意向を聴取して集約し、会社人事部門に意見を述べる。これをも考慮に入れて会社人事部門は、賃金制度の具体的な細目案を作成する。この細目案について、さらに組合の意向を聴取し、最終的に賃金制度改定の具体案を確定する。もし会社人事部門だけで改定案を策定したら、それに従業員の意向を正確に反映させることはできない。つまり会社の賃金制度改定案の具体化の一翼を担い、組合員の意向を案に反映させるのが組合の役割である。
　久本は、B社の連続2交替制導入、賃金制度改定、労働時間短縮をめぐる労使間協議の検討を総括して、次のように述べている。「組合は繰り返し職場に情報を展開し、職場の声を踏まえる中で組合としての立場をまとめる。会社としてはこうした職場の声を反映させることは制度を作る上で極めて重要である。職制ルートだけではそうした声は十分には把握されないからである。その姿は、あらかじめ会社が成案を作り、組合が団結力をバックにしてその修正を求めるという対立型の労使関係像とは異なったものである」(323)。
　たしかにこのように、会社の提案に対する組合員の意向集約機関として、組合の役割を捉えるならば、この組合は、「従業員を支配するために作る『御用組合』」(270) でもないし、この組合組織は現実に独自の機能を果たしているから、存在するのは、「『ノン・ユニオン』的労使関係」(270) に過ぎないともいえない。しかもこうした組合員の意向集約は、会社第二労務部によって果たすこともできない。何故なら、職制ルートは、会社という上命下服の官僚制的組織原則に基づいて機能している。これに対して、労働組合の組織編成原理は、それが現実に、どのような特質を持っているにしても、組織の建前は、代議制民主主義であり、制度上、構成員の関係は対等な関係であり、上下関係ではない。さらに労働組合と会社は、制度の建前上、別々の組織であって、その関係は、水平的対等関係である。だか

ら、職制ルートを通じてでは吸い上げられにくい部下の声も、組合員の声としては、組合に反映されやすい。久本のいうように、「職場の声を如何に組合活動に反映させるのかが、個別組合にとって最も重要なこと」(341) である。こうして会社方針に対する組合員の意向集約機関としての日本の組合の独自の役割が浮かび上がってくる。

　たしかに労働組合は、経営の方針をどこまで規制し得ているか、という観点からもっぱら組合の果たしている現実の機能を見ると、現に日本の労働組合が経営政策の具体化に影響力を行使しているその役割を見落とすことになる。組合は何もしていない、あるいは、組合は、会社第二労務部に過ぎず、労使関係の実態は、ノン・ユニオン的労使関係に等しいという評価に結果してしまう。この点で久本の分析は、対抗的労使関係論の枠組みでは発見しにくいが、現に日本の労働組合が果たしている役割を、浮き彫りにした優れた成果である。

②日本の労働組合は労働者を守っているのか

　久本の分析をこのように評価した上で、しかしもう一つ解くべき重要な問題に久本は一指も触れていないのではないか。すなわち筆者の疑問はこうである。現に労働組合がどんな役割を果たしているのかという分析をもって、労働組合は労働組合としての役割を果たしているのか、という検討に代えることはできないのではなかろうか。このように疑問を呈することは、「企業経営に対抗することが労働組合の役割である」とか、「労使間に原則的な対立は存在」する、と主張することと同じではない。「対抗」や、「原則的対立」を主張する見解を、分析に先立って受け入れる必要はない。しかし最低限、現に存在している「労働組合」は、労働者を守っているのか、という問は必要なのではないだろうか。何故なら、労働者を守るということは、労働組合の定義そのものをなすだろうからである。

　もちろん、「労働者を守る」とはどういうことか。この点には十分に論議の余地がある。久本の分析で明らかになった経営政策の具体化過程における組合員の意向集約活動をもまた「労働者を守る」活動であると主張することは十分に可能である。しかし「労働者を守る」活動がこれに終始するものでないこともまた自明であろう。労働密度軽減、労働内容改善、改善活動の成果還元、非正規雇用・

特集　労働調査を考える

下請けの処遇改善、職場における人権尊重等に組合はどれだけの努力を払ってきたか、こうした点の検討を欠いては、労働組合機能の分析としては、課題の半分も明らかにできていないということにならないだろうか。組合は労働者を守っているか、という問題を提出することは、分析過程にイデオロギー的な価値判断を持ち込むことを意味しない。そもそも労働組合とは、力関係上優位に立つ経営に対して、団結して、労働者の利益を守るために存在するものだからである。

　経営の第一次的関心は、労働者を守るというところにはない。しかし労働組合の最大の目的と関心はそこにある。「原則的な対立」が経営と労働組合のあいだになかったとしても、経営の第一義的目標と労働組合の第一義的目標が異なっていれば、目標実現の手段がぶつかり合うことは起こり得る。「原則的」かどうかはいざ知らず、「対立」はしばしば起こると見るのが妥当である。そうした「対立」を押さえ込まずに顕在化させているか、その上でその「対立」をどう処理しているか、この点の分析を欠いては、労使関係分析としては到底完結し得ないのではないか。

2）業務計画の策定と具体化の過程への労働組合の関与
①要員配置への労働組合の発言

　労働組合は、業務計画の策定と具体化の過程にどのように関与しているか。この点について石田の分析を見ておこう。下線は引用者のものである。まず「生産計画と要員に対する組合支部の発言」(71)を見よう。「労使間では、毎月20日頃に、中央の生産説明会〔生産計画の説明〕、人事異動説明会が、25，26日に各工場レベルでの同様の説明会がなされる。工場ごとに置かれている組合支部は、こうした正規の説明会の前段に工場の人事〔工務部人事グループ〕と『職場の問題点を投げかけて調整をしておく』という。―中略―支部長も工場人事を通じて、この段階で事前に生産量と要員の数字をキャッチできる。支部長は各職場の問題点を踏まえてそうした事前の数字に対して、例えば『今回のタクトだと、要員的には応援で帰る人もいるのでもう少しいないと困る』等の要望を工場の人事に伝える。留意すべきは、こうした事前のやりとりで支部と工場側との利害はおおむね一致する(2)ということである。工場の人事グループもラインの部課長からタクトと要員

の関係について問題がないかどうかの打診をするが、その際に部課長は『今回はこれくらい〔要員が〕おる方が計画年休の運用がうまくいくとか』の配慮が働くので結局工場人事の集計値もそうした配慮を織り込んだ値になりがちになる。だから組合支部としても『工場人事のいうことはだいたい分かる。ベクトルは大体合っている[3]』という評価になる」(71)。

　以上は、与えられた生産計画に対する現行の要員配置の妥当性についての組合の発言内容の検討であった。これに対して、「一定の生産量に対する要員を低減させていく改善」(72)、つまり生産計画の変更を前提にした要員配置の変更に関する「組合支部の発言」(71)のばあいはどうか。これには改善活動の職場での具体的な運用についてと無理な改善のチェックと二つある。運用への発言から見よう。組合は、「改善それ自体に対して特定の発言をしているわけではない。―中略―例えば生産性向上の目標値について組合として会社と議論するということもない。組合が発言するとしたら、それは具体的な運用面についてであるという[4]。例えば見せかけだけの能率向上[5]がそれである。生産能率の算式から、計画年休を頻発すれば能率は上がる。あるいは準備後始末作業を削減するとか、能率を上げるために応援に出すとか[6]、こうした行為は労働強化に繋がるので組合支部の日常活動でチェックされることになる[7]」(72)。

　「今ひとつ組合がチェックするのは『無理な改善』である。ゼロ・コンマ幾つかの改善しか進んでいないのに、1人工減らすばあい[8]がそれである。こういう声が職場から伝わってくると、支部長は部課長と現場に行き事実や背景事情を確認する。支部の主張が正しいばあいは是正されるという[9]。これが相互信頼であろう[10]」(72)。したがって「B社の事例に見られるように、自動車企業の労働組合が工数低減に全く発言していないという理解は正しくない[11]」(73)。

　このような実態把握に基づいて、鉄鋼と対比しながら、自動車企業の労使関係の特質を石田は次のように述べている。すなわち、第一に、鉄鋼と異なり「要員合理化が正規の労使協議事項でない」(73)こと、第二に、「要員合理化のアイディアから実施に至るプロセスに組合員も主体的に参画していること。―中略―鉄鋼ではあくまでもそれは経営の仕事である」(73)。そしてこの対比を踏まえて、総括的に、「自動車産業の労使関係の方が日本の効率的な、したがって労使関係の

特集　労働調査を考える

解体的状況を典型的に表現しているのではないかと思う」(73)と述べている。
　こうした日本の自動車企業の労使関係の実態を踏まえれば、「日本の労使関係を描写する際の力点を、効率化を目指す経営とそれに対抗する組合との攻防、そこに成立する労働力売買のルールの記述という正統的手法に置いたばあいには実態をつかみ損なう」(73)。つまり、「集団的に仕事量とその対価を取り引きするという従来の労使関係論の得意とする世界は縮小しているのであって、これを無理に既存の労使関係論の枠内で記述しようとすると、リーン生産に必然的な<u>個別的な業務量設定や個別的対価をめぐる労働関係</u>⁽¹²⁾はその分析視野から脱落する」(3)というのである。

②労働組合の発言の質

　さて以上の石田の叙述を吟味してみよう。まず石田が丹念に析出した上述の事実が、労働組合の機能分析の精度を、従来より格段に引き上げるものであることを確認しておかなければならない。そしてここに析出された事実を踏まえれば、下線部(11)で石田のいうように、「自動車企業の労働組合が工数低減に全く発言していないという理解は正しくない」。この石田の見解に同意する。だがもう一つ問題を検討しなければならないのではないか。つまり労働組合が「工数低減」に発言しているかどうかという問題の先に、この「工数低減」に対する発言が、如何なる質を持つものか、という問題があるのではないか。

ⅰ）要員配置への発言の質
　まず、下線部(1)、(2)、(3)を見よう。生産計画に対する要員配置について、「事前のやりとりで支部と工場側との利害はおおむね一致」し、その点について、工場人事と組合支部の「ベクトルは大体合っている」という。つまり新しい生産計画が提起されたとき、現行の要員で足りるかどうか、この点で「支部と工場側との利害はおおむね一致」するという。例えば、「今回のタクトだと、要員的には応援で帰る人もいるのでもう少しいないと困る」と組合支部が判断するときには、その判断は大体工場人事と同じであるという。
　しかしどうして判断が大体同じになり得るのだろうか。石田は聴き取りの結果

を記すのみで、この点について特に考察していない。そこで追加的に考えてみよう。生産に支障のない限り、ぎりぎりまで要員を削減することは経営の要請である。ときにこの要請は工場の現場の実情を踏まえずに度を超すことになる。こうなるとこの要請は生産に支障を来すことになる。生産に支障を来すほどの要員削減であるから、そのままでは当然に作業者に過大な負荷がかかる。したがって組合支部は苦情を述べる。生産に支障を来すほどの要員削減は、生産に責任を持つ工場人事から見ても問題である。したがってこのばあい、要員問題について、「支部と工場側との利害はおおむね一致」し、「ベクトルは大体合っている」ことになる。

しかし工場人事と組合支部の判断が一致するのは、要員削減が生産に支障を来すほどになったばあいである。もし工場人事は、生産に支障を来すほどではないと判断しているが、作業者に過大な負荷がかかると組合支部が判断したばあいはどうなるのか。このばあいには、要員問題について、予定調和的に「支部と工場側との利害はおおむね一致」し、「ベクトルは大体合っている」などということはできないはずである。もしこういうことが起こらないとしたら、それは、組合支部もまた常に、要員削減が生産に支障を来すかどうか、という観点から見ているからであって、作業者に過大な負担をもたらすかどうかという観点から見ていないからであろう。工場人事の優先課題は、与えられた生産計画のもとでの円滑な生産の遂行であり、組合支部の優先課題は、作業者に過大な負担がかからないように作業者を守ることであるから、優先課題、したがって判断基準が異なる。それぞれの組織の目的・使命からしてこれは当然である。したがって、工場人事と組合支部がいつでも対立するものだという想定が予断であるのと同様に、そこに対立がないと想定するのも予断である。現にそこに対立がないとすれば、それは、組合支部もまた生産の円滑な遂行に支障があるか否かという観点からのみ要員問題を見ていて、したがって組合支部としては半ば機能不全の状態にあるからかも知れない。少くともその点の吟味は必要である。

ii）改善活動への発言の質

同じことが改善活動についてもいえるように思う。下線部 (4)、(5)、(6)、(7)

特集　労働調査を考える

を見られたい。「生産性向上の目標値について組合として会社と議論するということもない」とあるが、文脈からしてこれは、組合は、改善による要員の削減目標それ自体は、組合の取り組みの前提として受け入れる、ということだろう。その上で、生産性を向上させる実際の改善が行われていないのに、その削減目標を実現する方便、つまり「見せかけだけの能率向上」として、計画年休の頻発、準備後始末作業の削減、応援等が利用されるときに、「こうした行為は労働強化に繋がるので組合支部の日常活動でチェックされることになる」。現場の管理監督者から見ても、生産を支障なく進めようとすると、改善による要員の削減目標の実現は、相当に厳しい課題である。そこでいきおい、「見せかけだけの能率向上」によって、何とか当座をしのごうとするのはありがちなことである。しかしこうした方便は、「労働強化に繋がるので組合支部の日常活動でチェックされる」。

　現場でこのように事態が進行することはよく分かる。このような、組合支部の日常活動による労働強化のチェックの存在の析出も重要である。しかし同時にこの「チェック」の質の吟味も必要なのではないだろうか。つまりここに析出されたような、「見せかけだけの能率向上」は、見かけ上能率向上が実現したかのように見えるから、実際の能率向上の実現を妨げる。のみならずその職場で、現に能率が向上されたものとみなされて、次の段階での生産秩序は、この「見せかけだけの能率向上」を前提にして設定されるから、次の段階での生産の進行に無理が生じて、職場秩序は混乱する。つまり、要員不足によって、円滑な生産の進行が妨げられる。これは経営の観点から見て好ましくない。したがって、このばあい、組合支部による労働強化のチェックは、経営の利害とも一致する。というより、こうした「見せかけだけの能率向上」は、苦し紛れの方便として、現場の管理・監督者層によっておこなわれることであるから、彼ら自身がこれをチェックすることはできない。工場の上層部は、工場の職階制から離れた、職制の行動を監視する別動部隊を持たない限り、末端職制のこうした行動をチェックすることはできない。したがって、このような、「見せかけだけの能率向上」の、組合によるチェックは、生産の円滑な進行にとって不可欠な機能であり、組合は、この生産の円滑な進行にとって、職制ではなしえない不可欠の重要な補完機能を担っていることになる。ここにあるのは、本質的には、経営に対する組合の補完機能であって、

チェック機能ではない。筆者は、こうした組合の補完機能それ自体を批判しているのではない。これは組合の本来のチェック機能ではないということを指摘しているだけである。

それでは、この本来のチェック機能はどうなっているのか。この点では、肝心の出発点のところで、改善による要員の削減目標それ自体は、組合の取り組みの前提として受け入れてしまっているのである。だからここには、改善目標自体が、労働強化にならないのかという点についての、組合の、それこそ本来のチェック機能は働いていない。

次に「無理な改善」へのチェックを吟味しよう。下線部(8)、(9)を見てほしい。現場で要員削減のための改善目標は厳しい。工長・班長・組長（部課長の下の現場職制）は、この目標が達成できないときに、例えば、「ゼロ・コンマ幾つかの改善しか進んでいない」ときに、とにかく見かけ上目標を達成するために、苦し紛れに「1人工減らすばあい」がある。このばあい、日常的に直接に現場に関わっていない部課長は、部下の職制のこのような行動をチェックすることは困難である。こういう事態があったと現場から声が上がったときには、組合の「支部長は部課長と現場に行き事実や背景事情を確認する。支部の主張が正しいばあいは是正される」。そして石田は、「これが相互信頼であろう」と述べている。実際に、「ゼロ・コンマ幾つかの改善しか進んでいない」のに、「1人工減らし」してしまったら、その後は、恒常的に作業者に無理な負荷がかかるから、どこかで、破綻が生じる。したがって、これは、経営の観点から見てもはなはだ好ましくない。こうしてこのような「無理な改善」のチェックは経営にとって必要なことであり、しかも経営のみによってはチェックし得ない。だからこのようなチェック機能を果たす組合と経営とのあいだには、「相互信頼」が成り立つ。

しかし問題は、何が「無理な改善」か、である。「無理な改善」とは何か、について経営と組合支部の判断基準が同じであれば、たまたま経営が気がついていなかった「無理な改善」の事例を組合が指摘すれば、経営もその事実を認めて、それを是正するだろう。「これが相互信頼であろう」。しかし、組合支部から見て「無理な改善」だったとしても、それが経営から見て「必要な改善」だったばあいに、果たして組合支部の指摘は受け入れられるのか。つまり組合が「無理な改善」を

チェックできるのは、「無理な改善」かどうかの判断基準が経営と一致したばあいに限られるだろう。これは組合によるチェックといえるか。あるいはもしかしたら、経営と組合で、「無理な改善」かどうかについて判断基準が分かれることはないということなのかも知れない。もしそうだとすれば、生産性の向上と生産の円滑な進行という経営の課題以外の課題を組合は持たないというに等しい。

　過大な労働負荷から労働者を守ることが組合の課題だとすると、「無理な改善」かどうかについて、経営と組合の判断が容易には一致しがたい例をあげよう。知られているように、B社では省人化のための改善の方式として、しばしば人を抜いてから改善をするというやり方を取る。これは改善の速度を上げる上で効果が甚大である。先に人を減らしてしまえば、職場では負担が増大する。そこで何とか必死に工夫して負担を減らそうとする。この結果省人化は達成される。日本ではこれができるが、海外ではこういう改善は労働組合の抵抗もあってなかなか難しい、まず改善してからでないと人は抜けない。これが管理・監督者層の嘆きである。このばあい、経営は意図的に現場に「無理な改善」を仕掛ける。けれどもこういうばあいに、日本でも組合がチェックをかけるという事例を我々は聞いていない。

　全体としての石田の発言を総括しよう。「効率化を目指す経営とそれに対抗する組合との攻防、そこに成立する労働力売買のルールの記述という正統的手法」で「日本の労使関係を描写」しようとすると、組合の無機能、あるいは弱さばかりが浮き上がることになり、それ以外に組合が果たしている機能、つまり、効率化施策の実現プロセスで組合の果たしている役割を見落としてしまう、これが石田のいいたいことであろう。それはその通りであろう。しかしそれ以外にそもそも労働組合は何のためにあるのか、あるいは組合は果たして労働者の権利を守っているのか、という観点からの組合活動の検討を欠いては、組合活動分析としては、肝心の点が欠けているのではないか。

(3) 小　括

　石田によって、労働支出のルールに当たる業務計画の策定と具体化の過程は包括的に明らかにされた。この点は、我々が継承すべき視点とその具体化として確

認しなければならない。さらにこの業務計画及びそれに対応する賃金表の策定と具体化の過程に労働組合がどのように関与しているか、この点も久本、石田によって、極めて具体的かつ詳細に明らかにされた。この分析によって、業務計画と賃金表の策定・具体化過程における意見集約機関としての労働組合の役割も明らかになった。この点は、対抗的労使関係論を前提にする「御用組合」論、「ノン・ユニオン」論あるいは「会社第2労務部」論という日本の労働組合に対する具体的反証になっている。以上は、イデオロギー先行の空中戦になりがちな労働現場の研究を着実な実証研究の突き合わせの場に引き戻して、共同認識を拡大していく上で極めて重要な達成である。

　以上の点を十分に踏まえた上でなおしかし、労働組合は労働者を守っているのかという根本的な問い、さらに会社と組合の要員・改善問題についての「基本的一致」と「相互信頼」が日本のばあいには何に由来しているのかという問いを、石田・久本に投げかけ、我々自身も明らかにしていく必要があると思われる。この点を解明できたときに、石田・久本の優れた実証的成果も初めて正当な居場所を確保できることになるだろう。

〔引用：参考文献〕
石田光男・藤村博之・久本憲夫・松村文人　1997（石田等と略称する）、『日本のリーン生産方式―自動車企業の事例―』中央経済社。
内田義彦　1981、『作品としての社会科学』（『内田義彦著作集』第8巻）岩波書店。
野原光　2003、「書評：上井喜彦・野村正實編著『日本企業　理論と現実』」『社会政策学会誌』第10号、御茶の水書房。
────　2006、『現代の分業と標準化：フォード・システムから新トヨタ・システムとボルボ・システムへ』、高菅出版。

　なお、本稿の引用直後の括弧内の数字は、引用文献の頁を示す。同じ頁の引用が続くばあいには、紛らわしくない限り初出のみ頁を示す。また紛らわしくないばあいには、初出のみ文献名を記す。

鉄鋼業における保全工の技能形成と労働調査[1]
——「企業内教育研究会」[2]による鉄鋼労働調査研究を振り返りながら——

上原 慎一
(北海道大学)

はじめに

　本稿は、木村保茂会員を中心とする「企業内教育研究会」(以下単に「研究会」とする)が取り組んできた鉄鋼調査のうち、保全労働に関する成果の一部を紹介し、それが持つ意味を「労働調査を考える」というシンポジウムのテーマに即して考察することを目的とする。調査という手法を用いて労働の何らかの側面を考察する研究者が、保全工の労働、技能形成を問題にするとき、二つの側面からその意味は考えられなければならない。一つは無論、特定の産業における保全労働それ自体の特徴を描くことである。もう一つは特定産業の労働に関わる研究史から見て、保全労働がどのように問題にされてきているのかを考察することである。両者とも「小池―野村論争」が問題にした事柄の延長線上に位置するものであるが、これまで不十分にしか考察されてこなかったように思う。前者に関して、かつて藤澤建二氏は以下のように述べた。

　　「実際、保全労働については、小池―野村論争の一つの焦点であったにも拘らず、この論争の中ではその実相はほとんど明らかになっていない。例えば、この論争では自動車や電機産業における職場や保全労働が念頭に置かれていると思われるのだが、それが日本の職場一般や保全労働一般として語られる。そのような一般化が可能なのか否かは問われていない。」(藤澤 1999：96)

　この問題意識のもと藤澤(1999)は異なる企業の三つの製鉄所の保全部門の比較を行った。野村氏の批判の趣旨を受け止めるならば、保全部門の比率が他業種

特集　労働調査を考える

に比べて高い鉄鋼業における労働問題研究に従事してきた藤澤氏の問題意識はきわめて正当なものである。しかし、保全労働や異常への対応に関する実証的な研究が増加する傾向にある近年においても、この問題は十分に意識されているとは言いがたいように思う。本稿は同一企業の二つの製鉄所における保全労働の比較を行うことによって、鉄鋼業における保全労働と技能形成の特徴の一端を描こうとするものである。

考察の対象とするのはY社A、B製鉄所であるが、とりわけA製鉄所を位置づけるのは第二の問題意識と深く関わっている。A製鉄所は「研究会」の主要メンバーがかつて調査のフィールドとした製鉄所である。したがって、労働調査を行う主体の問題意識の発展過程との関連で第二の問題を考察しうるのである。より具体的に言うならば、かつての保全労働の問題のされ方と近年まで行われた調査における保全労働の問題のされ方に即して、まさに関係者の「証言」を踏まえて考察することには一定の意義があるだろう。

本稿はまず、70年代から近年に至るまでの「研究会」メンバーによる鉄鋼調査を振り返り、保全労働の位置付けの変遷を追う。その後にY社のA、B両製鉄所における保全労働者の労働と技能形成について考察する。

1.「研究会」の問題意識の変遷と保全労働

(1) 調査のグランドデザインとB製鉄所

1980年代後半に発足した「研究会」は、当初さまざまな産業における調査の可能性を検討していたが、次第に70年代調査の継続を意識するようになっていった。すなわち、90年代における鉄鋼業の一連の合理化が労働編成——とりわけ鉄鋼業に特徴的な社外企業を積極的に位置づけた重層的労働力編成——と教育訓練をどのように変化させているのか、その実態を解明すべく議論を重ねてきた。理論的課題に関する議論を積み重ね、調査対象を確定するまでに数年間を費やしている。

調査対象については当初、存立基盤が大きく変化した旧製鉄所であるA製鉄所調査やいくつかの製鉄所調査を行う中で、"新鋭"製鉄所であるB製鉄所調査が重要な意味を持つものとして浮上してきた。

鉄鋼業における保全工の技能形成と労働調査

　グローバリゼーションの影響を強く受けた90年代における鉄鋼業の合理化は、要員削減を核としていた。こうした要員削減は大量の出向・転籍のみによって達成されるものではなく、製鉄所本体と社外企業の矛盾をはらんだ協力関係、外注移管、作業スパンの拡大・多能工化、教育訓練、労働者間の競争を促す労務管理の仕組み等々があってこそ達成されるはずであり、その具体的なプロセスの解明には重大な意義があるだろうというのが「研究会」の当初の見通しであった。70年代の合理化は労使関係の転換、企業内教育の整備と深い関係を持っていた。90年代における合理化も、本工と社外工双方の教育訓練、技能形成のあり方と深い関係を持ちながら展開しているだろう、という見通しのもと調査が具体化していったのである。

　他方、相違も大きい。時期的な相違と並んで対象とした製鉄所の性格の違いが70年代調査と90-2000年代調査の相違をなしている。70年代の調査対象であったＹ社Ａ製鉄所はＹ社全体で見れば旧製鉄所である。他方Ｂ製鉄所は、60年代に建設された"新鋭"製鉄所であり、Ｙ社内部でも自他共に「フラッグシップミル」と称し、Ｄ製鉄所と並んで「鉄のデパート」とたとえられるほど製品の種類も数多くある。また、Ａ製鉄所における社外企業は、70年代「組」的な性格を持つものから「企業」へと脱皮しつつある段階であった。全国大手がその中核を占めるＢ製鉄所では社外企業の担当範囲は大きく異なっている。さらに、鉄鋼各社は新鋭製鉄所の建設当初から社外工比率を高める努力をしてきた。なかでもＢ製鉄所は高い社外工比率で知られている。鉄鋼業の合理化の現段階を見据えようとする「研究会」にとっては、各ラインや運輸部門、そして保全部門における本工の労働と社外工の労働のそれぞれの変化を明らかにすることが課題であった。

　そのなかで保全労働の位置づけは具体的にどのような変遷をたどったのだろうか。70年代調査との対比で見ていこう。

(2) 70年代調査における保全労働の位置

　道又 (1978) における、保全労働に関する記述は以下のとおりである。本工部門では、1963年の保全制度の改訂にともなって、保全業務に関するライン部門と保全部門の分担関係や修理に関する分担関係が変化したことが分析されてい

33

特集　労働調査を考える

る。すなわち日常点検はライン部門の担当となり、重点点検や精密点検が保全部門の担当となった。また、修理業務に関しても、小修理を保全部門（もっとも本工は基本的に社外企業が行う修理の監督）、そのほかの修理は工作課や動力課が担当することとなった。1972年からはライン労働者に対し整備教育が行われ、多能工化が展開される。社外工部門では電気工事部門にY社の子会社が進出したが、本体作業から遠い間接部門では再編の度合いが弱いと指摘され、電気工事部門と土木工事部門の労働力の性格が若干分析されている。このように、70年代調査では保全労働に関して、本工においては合理化や多能工化との関連で点検業務や修理作業の再編成の概略が意識されるにとどまり、作業内容の詳細が追究されることはなかった。また、社外工に関しても工事請負企業の再編成および労働力の性格が考察された程度であり、本工と社外工間の作業の分担関係についての突っ込んだ考察はなされなかった。

　こうした考察となった原因は木村、藤澤両氏が端的に述べているように二つある。一つは言うまでもなく、当時の研究状況である。70年代調査は戸塚秀夫氏などによる八幡製鉄所調査の影響のもと、職場秩序の再編成と労使関係の変容の実態解明、これを前提にした対抗的契機の発見に大きな重点があったからである。この問題意識からすれば合理化の最前線である基幹工程における労働の変化、職場秩序の変化、職場における労使の対抗関係の実態解明が主要な論点となる。もう一つは全国レベルでの保全制度の再編成に関する理論的位置づけの問題である。Y社の各製鉄所史は、濃淡はあるけれども、いずれも1950年代後半からの銑鋼一貫化にともなって予防保全が重要になってきたという認識を示している。その動向にしたがって、工務や工作と呼ばれていた主に修理を行う部署と並んで点検・小修理を行う整備や保全と呼ばれる部門が重視されるようになってくる。遅くとも1960年代後半には各製鉄所で相違を見ながらも点検や工事計画をも担当する保全工が誕生していたものと思われる。製鉄所史を見ると、当時B製鉄所とC製鉄所で壮大な「実験」が行われた様子がうかがえる。

(3) 90-2000年代調査における保全労働の位置

　「研究会」メンバーの議論の中で保全労働を明確に位置づけたのは、木村（1991；

1993) である。木村 (1991) は技術革新の進行の中で労働の内容が大きく変化している態様を松下電器での調査や元労働省の野見山眞之氏らの見解を引用しながら、次のように述べた。

「科学・技術革命の職業・技術教育の及ぼす積極的側面を、今日の段階では次のような事実に見ることができる。(1). ME 技術革新の導入によって、知的判断力を要する知識・技術中心型の仕事が増大してきていること。…中略…(2). ME 技術の導入にともない、在庫管理・品質管理・生産管理に関する知識および工程全体を見渡せる能力などが、現場のランク・アンド・ファイルの労働者にも要求されだしてきていること。」(木村 1991：5)

また、木村 (1993) は以上を踏まえ、さらに具体的に調査の課題について展開したものであった。その際意識されていたのは鉄鋼業の事例だけではなく、他産業における調査によって得られた知見であった。木村氏自身が関わった松下電器、NKK、新日鉄に関する調査や自動車産業B社、日立製作所に関する調査研究を踏まえながら、以下のように保全労働を位置づけた。

「ME 化にともないプログラミングの作成・修正などの作業について重要性を高めているのは点検・修理などの保守・保全作業である。ME 化の発達はこれまで不可能とされてきた異種の工程間の直結化を可能にし、全工程の連続化、高速化を著しく進めたが、それにともなって保守・保全労働の比重が高まった。」(木村 1993：36)

このように保全労働はひとまず ME 化の進展、すなわち技術革新との関係で位置づけられた。ここで注意が必要なのは、野村 (1993) が保全工や技術者を分業あるいは労働力編成との関係で位置づけたのに対し、木村 (1993) は ME 化との関係で保全労働を位置づけたことである。鉄鋼業に即してそれぞれの議論にどのような妥当性があるかは次項で検討するが、70年代調査で相応の位置づけをもっていなかった保全労働が、他産業に関する研究や予備調査の中で重視される

に至ったということは留意されるべきであろう。とりわけ木村（1993）の特徴は、技術革新による労働の変化との関連で、ラインと保全のそれぞれの変化と両者の関係の変化を多能工化や能力主義管理との関連で問題にした点にあった。人工知能の導入、TPM 活動の活発化など、当時の鉄鋼業における状況を踏まえれば、以上の問題意識は十分に理解できるものである。しかし、技術革新がどのように「異種の工程間の直結化、全工程の連続化、高速化」をもたらしたのか、その結果労働が具体的にどのように影響を受けたのか、多能工化や能力主義管理にどのようなインパクトを与えたのかという点についての考察は未だ抽象的であり[17]、具体的な労働の変化に関する仮説の提示には至っていない。

　こうした弱点はしかし、調査によって次第に克服されていった。Y社系列の幾多の工場調査を経てまとめられた藤澤（1994）および永田（1994）がY社A、B、C、E各製鉄所や他社の製鉄所を事例として保全労働の現代的特質を描いた。藤澤（1994）は、保全部門の独立性や組織的特徴、人工知能による労働の変化、経験的要素の残存、各製鉄所で個性を持ちながらも展開する多能工化と TPM 活動について分析した。永田（1994）はE製鉄所を事例に、人工知能の導入による保全工の労働の変化を詳細に分析し、「知的判断を必要とする仕事が増大し、分析、企画など技術者的労働へ次第にシフトを変えつつある」[18]と述べた。両論文によって、鉄鋼業における本工部門の保全労働の基本的な性格が明らかになったのである。他方、社外工に関しては町井（1994）において全体的な社外企業の編成が分析される中で中央整備部門を担当する企業と電気計装部門を担当する企業の概要と担当作業が紹介され、佐藤（1994）がスクラップ処理を担当する企業の自社設備保全について分析した。しかし、これらは、社外工と本工の関係や地区における位置づけなどは明確にされていないという限界を持っていた。

　こうしてB製鉄所における保全労働の特徴の一端が明らかにされてゆく中で、徐々に調査の骨格が固まっていったのである。

2. 保全制度の変遷と保全工の技能形成

　以上紹介したように、数度にわたる調査を経て「研究会」はその枠組みを形成してきたが、保全労働に関して本格的な分析を試みたのはA製鉄所調査に基づく

藤澤（1995）、町井（1995）、藤澤（1999）およびB製鉄所、社外企業、労働者調査に基づく上原（2004）である。本節ではこれらの研究の中で明らかにされた保全工の技能形成の実態について考察する。

(1) 保全制度の変遷

前節でも触れたように、保全工の編成のあり方は製鉄所ごとに個性を持っている。保全労働の編成には保全技術の発展、操業（運転）との関係、地域労働市場との関係など、さまざまな要素が絡み合っているからである。保全工の労働、技能形成について分析する前に、A、Bそれぞれの製鉄所においていかに保全制度が整備されていったのかを確認する必要がある。

1) A製鉄所における保全制度の変遷

『A製鉄所五十年史』によれば、A製鉄所は合併前のF製鉄時代から全社に先駆けて予防保全制度を導入した。予防保全制度は1954年の保全課発足以降製鋼部門から始まり、1956年の製銑・化工をもってA製鉄所全般に保全制度が導入された。[19]製鉄所史はこれ以上の事情を詳しく知らせていないが、1967年の「所内報」に「この道13年」の保全工の一日の労働の様子が紹介され[20]、1970年の「所内報」には「保全課時代も含めて整備課が発足して15年」という記述が見られる[21]。その後1963年には保全課は整備課へと改組され[22]、1971年には高炉等が存在する西部地区を担当する第一整備課と製鋼、線材工場等が存在する東部地区を担当する第二整備課、全所で電気工事、計装整備を担当する電気工事課へと再編されている。[23]

それでは、当時の保全工の労働はどのようなものであったのだろうか。「この道13年」の保全工の様子は次のように描かれている[24]。まず、機械担当と電気担当が工長と一般で2名、社外工も2名配置されているが、その社外工は機械と電気のどちらの担当なのかは定かではない。また、本工と社外工の分業関係も明らかではないが、本工は点検、調整、修理を担当し、突発にも対応している。運転マンとの情報交換も重要であるとされているが、実際には運転と保全が具体的にどのような作業をどのように分担すべきなのか、その境界の設定がとても困難であった。その様子は以下に引用する座談会からうかがい知ることができる。この

特集　労働調査を考える

座談会にはブルーカラー、ホワイトカラー合わせて9名が出席し、保全の現状と課題について話し合っている。ブルーカラーの内訳は製銑原料地区整備掛（以下ａ）、製銑地区整備掛（以下ｂ）、製鋼地区整備掛（以下ｃ）、鋼片地区整備掛（以下ｄ）から各1名、ホワイトカラーは製銑地区整備掛長（以下ｅ）、第2整備課長補佐（司会、以下ｆ）、調整掛長（以下ｇ）各1名、機械技術グループ2名(以下ｈ、ｉ）の計5名である。

「ｆ：保全課時代も含めて整備課が発足して十五年が過ぎたわけですが、十五年の間には、整備というものに対する考え方も変わってきたと思うのですが。

ｉ：変わってきていますよ。戦後まもなくアメリカから『PM制度』という設備管理体系が入ってきたわけですが、この考え方というのは、設備は故障を起こすものであるから、常に点検をして以上をあらかじめ察知し、大きな故障に至る前に処置をしようという考え方です。

ｅ：故障するのは当然であって、それを何とか防ぐのが私達だ、という意識ですね。このような考え方はどうも合点がいきませんでしたよ。

ｆ：しかしながら、設備管理の考え方を製鉄業に導入することは、むずかしかったろうね。特に故障でもないのに機械を止め、金をかけるということですから、それをＡ（製鉄所―引用者）としてはかなり早い時点で取り入れたわけですね。

ｇ：旧Ｆ（社―引用者）では一番最初ですし、製鉄各社の中でも早いほうでしたね。たしか昭和二十六年くらいからその準備に入ったと思います。

ｆ：導入した当初は、かなりトラブルがあったんでしょうね。

ｉ：ありました。運転側ではこんな程度でなぜ機械を止めるんだというわけです。それに対し私達が説明しても今までの経験ではなんでもないんだから、と主張するんですね。たしかに運転側としては少しでも機械を止めたくないわけでその気持ちもわかるんですがね。

ｂ：今でも多少は残っていますよ。そのへんのかねあい、というか判断がなかなか難しいんです。

ｄ：ぼくはそのころ修理掛にいたんですが、メタルを一つ例にとれば、僕らと

しては何ミリメートル減ったら、これは取り替えるんだ、という基準があるわけです。その基準にそってメタルを取り替えると、運転の方から、まだ大丈夫だから機械は止めるな、というわけです。

h：その反面、ぼくらの方としても、まだ使用できるのに安全をきして(ママ)メタルなどを取り替えるという、ある意味では不経済なやり方もやっていましたね。

b：運転課の雑用のようなこともやらされましたから、当時はかなり苦労をさせられましたよ。

h：しかし、運転課の人に言わせると、保全課の人間は、点検ハンマーと懐中電灯をもってぶらぶら歩いていればいいのだから、楽でしょうがないだろう、というんですね。

g：当時の点検は、日常点検業務を行っていましたから、外から見たらぶらぶら歩いているように見えたんでしょうな。

e：思想としては、保全課発足時から、日常点検などはこちらでやって、運転はハンドルだけ、という考え方でしょう。だから機械がちょっとおかしい、といったらすぐ保全課へ、と、何でもいいから保全課へ連絡すればいいんだ、という気持ちが強かったね。

f：それじゃいけない、ということで、保全課のあり方を根本的に検討し、大幅に改正をはかったのが、昭和38年の整備課発足ですね。

g：そうです。それまでの全面点検方式から設備に応じた重点点検方式に移行し、もうける保全という考え方に積極的に対応するようになったわけです。

a：その具体的な例としては、運転側のただ機械を動かしていればいいんだ、という考え方をあらためてもらい、自分たちが使っている機械は、自分たちで責任を持って管理する、というやり方に移行していったことです。

h：でもその考え方は運転側の課長、掛長までは伝わっていたが、実際に運転している人にまで徹底されていなかったために、整備課発足のネライがなかなか正しく受け止められなかった。

b：それは運転側が受け止めている整備作業内容と、私達が教わっている内容とでは、かなり違いが見られたことからもいえますね。そしてそれは今日まで尾を引いてきているんじゃないですか。

g：しかし、整備が各工場に張り付いたことで、運転側の状況もよく認識して仕事にかかれるようになったろうし、何よりも運転課の人たちから心強く思われたんじゃないですか。
e：それはいえます。保全課時代は中央集権的で、運転課から連絡が来てはじめて出かけるということで、その作業内容がよく知らなかった。それが工場に張りつけになることによって、運転側の状況なりが理解できて、作業にかかれるようになった。だから運転側との交流も保てるようになりましたね。(以下略)」[25]

ここで語られていることは以下の6点にまとめられる。
・整備作業の多くは機械を止めて行われるため、生産の実績を上げたい運転側とのトラブルが絶えなかった。
・運転側は自身が点検業務に携わるまでの期間、運転側は点検業務に理解を示さなかった。しかし、逆に異常への対応については保全部門に相当程度依存していた。
・保全課当時は各工場の運転部門の動向と関わりなく、後に言う「中央」に配置され点検を行っていた。また、異常については連絡を受けて対応していた。整備課へと改組された時点で保全工は地区に張り付いた。
・保全課時代は保全工がすべての点検を行っていたが、整備課発足以降は重点のみ保全工の担当となった。
・しかし、そのような考え方はラインの管理者層には受け入れられたが、それ以下の層の労働者には受け入れられていなかった。また、運転側が考える点検と保全が考える点検には少なくない乖離があった。
・それでも地区に張り付いたことで保全と運転の交流は進んだ。

現在まで続いているラインと保全の交流・統合問題については次項以降で分析する。ここで注意しておく必要があるのは、1963年を契機に保全工が地区に配属となり、点検項目を大きくラインに委譲したことである。また、今日と比較して、機械を止めて行われる保全作業が多いという印象も受ける。ここでは工事・予算

計画については触れられていないが、それは1976年に作業長から工長レベルへと移管されている。[26]

保全作業への社外工の導入の問題は、ごく簡単に「日常的な点検と小修理」[27]、「一般計器の修理と、工事の配管、配線作業」[28]と紹介されているが、詳細は明らかではない。1975年には「新整備体制」がスタートし、「各工場の整備と修理施工協力会社を固定して、担当範囲は両者とも責任を持って整備に当たる」[29]こととなっている。

こうした事情を含めて50～70年代における保全労働の変化の全体像が今後さらに明らかにされなければならない。すなわち、本工部門における工事・大規模補修を行う工作部門と保全部門の関係の変化、保全部門における工事・予算計画、工事監督、点検、補修作業のウエイトや分担の変化、点検にかかわる保全部門とライン部門の分担関係の変化、社外工部門における保全作業の担当範囲の変化がより具体的に明らかにされる必要があろう。ともあれ、1950年代を起点とする予防保全の実施は、1960～70年代の制度・組織改訂、ラインおよび社外企業との分業に関する試行錯誤を繰り返しながら展開したことがわかる。

こうした事態が抜本的に変化するのは1980年代に入ってからであった。1983年以降、TPM活動、ラインマンへの整備技能研修が積極的に展開され、1987年には地区整備が概ね廃止されるに至る。いわゆる「自主整備体制」である。それにともない、工事や修理を担当していた中央整備部門や電気計装整備部門が廃止され、分社化されるに至った。その実情に関しては藤澤(1995)、町井(1995)が詳しく分析しているので詳述は避けるが、概略は以下のとおりである。

1985年、連続熱延工場で減産にともなう2交代制への移行措置として圧延地区整備業務が連続熱延工場へと移管された。それにともない改称されて運転・整備掛なった旧運転掛や熱延係のライン労働者が日常点検、工事指示書の発行に携わるケースが出現した。この動きは徐々に拡大し、1987年には製銑、製鋼、棒鋼工場以外では地区整備がラインに統合される。組織的に統合されても保全工がすべて運転に携わったわけではないが、徐々に保全業務はライン労働者へと移管されていった。1994年時点で日常点検の60％、工事指示書発行業務の40％がライン労働者へと移管され、保全工は精密検査と複雑な工事の監督を受け持つように

なっていった。このような動きは、保全業務の精緻化、ライン労働者のスキルアップ、それを支える多能工化教育の成果ではあるが、あくまでもＡ製鉄所自体の減産、存立の危機があって初めて実施可能となったことであるということも併せて理解しておく必要がある。すなわち、それまでの保全業務の基本思想であった予防保全が、減産・多品種化により必ずしも必要とされなくなり、事後保全という思想が導入され、保全業務がもつウエイトが下がったことにより実施が可能となったのである。[30] また、中央整備、電気計装整備部門はシステム部門と併せて1988～1990年にかけて三つの会社に分社化された。電気計装部門から分社化された企業ではＡ製鉄所からの受注が減少していくなか、一般市場への展開が成功しつつあり、機械整備から分社化された企業は設備の診断業務、整備教育などを行っているが、Ａ製鉄所からの受注減により苦戦している様子が報告されている。[31]

　以上のように、Ａ製鉄所の保全部門は製鉄所自身の合理化にともなって大規模に再編成されるが、完全に消滅したわけではない。2007年時点でも製鋼工場、圧延工場にそれぞれ5名程度の地区整備が配置されている（高炉工場は別会社化）。ライン部門に占める比率はそれぞれ8％、5％程度である。

2) Ｂ製鉄所における保全制度の変遷[32]

　他方、新鋭製鉄所であるＢ製鉄所においても保全制度は複雑な経緯を見せる。Ｂ製鉄所における保全部門は、大規模な補修を行う中央と点検・工事監督を主とする地区に分かれ、担当領域も機械・電気・計装部門に分かれる。しかし、1968年に操業を開始したＢ製鉄所は、機械整備部門における地区整備の強化を狙って「設備管理方制度」を導入した（電気計装部門においてはその限りではない）。この制度は、地区に配置された保全工を工長相当の職位として位置づけ、点検標準の作成、日常点検、整備計画の立案、作業管理、検収、改良保全、将来の改善設計をともなう整備技術の各職務を担わせた。地区の機械部門には一般工は配置されず、社外企業の保全工が簡単な点検や小規模な修理を行う日常保全員として配置された。この事例に象徴されるようにＢ製鉄所では、保全作業に関する社外企業との分担に関して、大幅な外注化をめざした。外注化は当時多くの製鉄所で「オール外注化」というスローガンのもとで展開されてきた保全作業の外注化路

線と期を一にするものであった。しかし、初期故障の多発、整備の大量発生、本工の充足対策の遅れ、社外企業の質・量の不足によって、その計画は大きく修正を迫られることとなった。その結果、B製鉄所の保全部門のウエイトは鉄鋼業平均を大きく上回るものとなっていったのである。

　こうしてB製鉄所の保全体制が確立していくが、1990年代に至るまでに二つの変化が見られた。一つはEI統合と言われる電気整備と計装整備の統合の試みである。この試みは、コンピューター制御の進展にともなって、電気・計装の両整備が同一のコンピューターを使用することが多くなったため実施されたが、結局整備の対象の性格が大きく異なるため、失敗に終わった。もう一つは、養成期間の早期化であるが、次項で紹介する。

　事態が大きく変化するのは1994年である。B製鉄所は、それまで設備部所属だった地区整備を工場所属とし、ラインと保全の関係「改善」を図った。保全工は設備部長ではなく工場長の下に位置づけられたのであるが、組織的にはA製鉄所とは異なって、それぞれの工場の中の地区整備課としては独立していた。その結果、圧延以下のパイプなどを製造する工場の一部では保全工がライン作業を担当するケースが見られたが、多くの工場では組織が変化したのみで実態は変わらず、1998年には元の設備部に戻された。替わって展開しているのは、保全作業の社外企業への移管である。90年代後半から2002年頃まで合理化によってB製鉄所の本工は大量に出向・転籍を余儀なくされるが、なかでも保全工の出向・転籍は受け入れ側の社外企業のニーズもあり、系統的かつ大量に行われた。増産にともなって、出向・転籍のペースが落ちる近年にあっても保全部門のそれは意識的に追及されているのである。[33]

　一方社外企業に関しては、1980年代前半には15社が名を連ねていた。B製鉄所の社外企業の編成方針は1業種1社制であったが、整備作業の多様性により、多くの社外企業を位置づける必要があったものと思われる。しかし、15社の中で日常的に保全作業を担当しているのは上工程の機械部門で1社、下工程の機械部門で2社、電気・計装部門で1社、計4社である。社外工は日常保全で設備の小修理、維持、管理を行うほか、地区整備からの発注を受けて、定期修理時に工事を行う。また、中央整備部門に配置されている社外工は指示方と呼ばれる本工

の「アドバイス」を受けながら補修作業を行っている。

(2) 保全工の技能形成

　現在に至るまで保全組織のあり方は試行錯誤が繰り返されており、組織のありようが保全工の労働に与える影響の一端を垣間見ることができた。以下、B製鉄所を事例にそれぞれの部門の保全工の労働と技能形成についてみてゆく。B製鉄所においては機械、電気ともに地区では重要な設備の点検および工事計画、予算計画、発注業務を担当し、中央整備は大規模な補修、社外企業は日常点検および工事を担当する。ラインと保全の分業に関しては、TPM活動や組織改訂の影響もあり、クレーンに関しては自主保全体制が定着し、圧延工程の一部やメッキ、鋼管工場においては切れた配線をつないだり電磁弁を交換するといったような簡単な修理までは担当するようになった。しかし、製銑、製鋼工程では鉄鉱石や溶銑のつまりを除去するといったトラブルにはライン労働者が担当するが、それまで保全工が担当していた重要設備の点検、補修までライン労働者が担当するまでには至っていない。(34)

1) 本 工

　一般に地区に配置されている保全工は、午前中に点検や三交替で修理を担当している中央整備の出動の実績、運転との情報交換を行い、午後に工事計画、予算計画の作成等を行う。機械、電気整備では聴音棒を用いて五感に基づく点検に経験的熟練を要する。電気整備、計装整備では設備のメーカーによる設計思想の相違が大きく、複数のメーカーの機械を担当するまでに期間を要する。原因不明のラインストップが起きた場合、ライン部門は電気整備に補修を依頼することが多い。トラブルを多く経験することが電気整備の場合決定的に重要である。また、いずれの整備部門でも設備診断機器が導入されても、工事計画や予算計画の作成のためには実際の点検を要するケースが多く、点検に基づいた計画をスムーズに立案する業務にはやはり経験を要する。地区に配置された保全工は2年程度かけて、担当する機械の"トリセツ"と呼ばれる取扱説明書と図面を見て仕事を覚える。しかし、予算計画の立案のためには発注する工数を的確に把握するために、基本

的な整備技能を修得しておく必要がある。その技能は中央整備において習得されるが、両者を合わせて「一人前」になるまでに10年程度の期間を要していた。なお、このような養成方法は90年代前半には要員合理化との関係で崩れ始め、地区への配置の早期化が図られている。

　B製鉄所の保全工は、入社後3ヶ月間ラインと共通の導入教育を受けた後、6ヶ月間の整備教育と3ヶ月間の職場実習を受け、基本的に中央整備部門に配属される。配属後は1年間、先輩の労働者がコーチャーとなって、当該労働者の日常生活から職場生活まで細かな面倒を見る。6ヶ月間の整備教育では学科と実技が半々で、モーターの分解整備や制御盤の組み立てなどを行う。機械整備の場合は溶接、製缶、仕上、機械加工関係の技能が要求される。電気整備の場合、大掛かりな設備の補修作業や開放点検が中心となるため、制御方式についての学習が求められる。

　保全工は、職場配属後は基本的にOJTで仕事を覚えてゆくが、自己啓発による資格取得や学習会への参加が求められる。機械整備の場合、仕上や機械保全に関する技能検定や、技能職級および職能資格昇格時に行われる技能照査への対応のために、絶えず故障の問題発見のための自己啓発を行っている。また、電気整備の場合、時期によって異なるけれども、スタッフによる学習会の企画、長期にわたる製鉄所の設備を製作するメーカーへの研修などが行われている。

　このように、本工部門では長期にわたるOff-JTと自己啓発が教育訓練上の特徴をなしている。OJTも重要ではあるが、保全工は基本的に担当する機械の取扱説明書と図面の理解、トラブルの経験をもって自らの機械を担当している。人から教わることよりも「自分で」機械の癖を理解し、問題を解決することがより強く求められるのである。

2) 社外工

　社外工が担当しているのは地区整備の日常保全および工事、中央整備の機動整備および緊急対応（三交替）である。日常保全は設備の小修理、維持、管理を行う。工事は地区、中央とも本工からの依頼を受け、主として定期修理時に行われる。実際に作業を担当しているのは機械、電気とも二次下請け企業のウエイトが

高い。社外企業の場合、担当は組織ごとに分かれており、組織間の流動性は低い。このような本工の作業を補完する社外工以外に、佐藤 (1994) も指摘している社外企業自身の自社設備の保全を行う保全工も一部存在している。このタイプの保全工は自社設備やクレーン、車両の整備を担当している。彼らは「こわれてから呼ばれる」ことが多く、その作業は事後保全的性格が強い。

社外工の技能の特徴は、伝統的な側面が強い点にある。具体的に言えば、機械整備においては鳶、仕上、配管、製缶、溶接の各部門に分かれて労働者は技能形成してゆく。本工との技能の相違は、こうした熟練の高低ではない。むしろ、伝統的なそれに対しては高く評価される場合もある。本工と社外工の違いは[35]、機械の構造や生産の仕組みに対する知識の多寡にある。電気整備の場合も「機械を知る」ことが特に重要視され、出向者に対する期待は高い。

社外企業においても、一部の企業では15年とされているように、保全工の技能形成には相当の期間がかかり、その確保は容易ではなかった。1990年代以降、教育訓練専門の別会社を設置したり、オリジナルの養成制度を設けるなどの事例が見られるようになる。教育訓練専門会社では依頼される専門研修のほか、ポンプ、送風機、油圧、すべり軸受けなどの専門教育、溶接技術資格認定、仕上、機械保全などの技能検定に対応している。また、こうした伝統的な側面が強い熟練の保持を促進しながら多能工化を進めている。

2000年以降、本工の出向・転籍が増加するが、なかでも設備部からの出向・転籍はB製鉄所および社外企業において戦略的な位置を占めると考えられるほど増加する。社外企業においては技能形成の期間を要しない出向者に対するニーズは高い。また近年、社外企業の保全工に対するスーパーバイザー制度が導入されるなど、B製鉄所による社外企業へのてこ入れは活発化している。

以上のように、保全部門における社外工の技能形成は、電気整備の一部に「機械の性質を知る」という本工同様の性格を見て取ることはできるが、基本的に鳶、製缶、仕上、溶接のような伝統的な熟練の範囲を超えるものではない。社外工に対する Off-JT もむしろそれを促す方向である。また、工事計画などの業務はまったく含まれていない。それに対し、近年の動きは社外工にも、機械の構造や性質を知ることを促すような性格を強く持っているものと想定できる。

おわりに

　本稿の課題は、一つは二つの製鉄所を事例に保全工の労働と技能形成の特徴を描くことであり、次に「研究会」の問題意識にいつ、どのような形で保全労働が位置付き、発展していったのか、この二点を考察することであった。後者からまとめていこう。

　60年代から大きく変化を見せていたA製鉄所の保全部門は、70年代調査ではわずかに問題にされたに過ぎなかった。しかし、「小池─野村論争」や80年代から90年代初頭の調査の経験によって、保全労働の重要性が意識されるに至った。その問題意識は当時の研究状況にも規定されて、ME化→工程の連続化→保守業務の増大というシェーマで捉えられたものであった。このシェーマは、自動車産業を含む機械産業をフィールドとした調査との整合性は強いが、独自に保全制度を構築していた鉄鋼業の場合、事情は異なっていたと考えてよい。こうした弱点は90年代中葉の調査を経て次第に克服されていったが、本格的にその実態が明らかになっていくのは、2001年から2002年にかけて行われた労働者調査以降である。十分な成果を挙げたとは言えない部分もあるが、労働者調査によって、ライン部門の本工─保全部門の本工─保全部門の社外工相互の関係、労働と技能形成の相違を本格的に論ずることができたのである。

　A、B両製鉄所における保全制度の変遷は、この三者の分業のどのような姿が製鉄所にとって効率的にもコスト的にも見合うのかという事柄の難しさを如実に示していたといえよう。すなわち、A製鉄所ではライン部門と保全部門の分業の難しさが示され、B製鉄所では保全部門における本工と社外工の分業の難しさと本工部門におけるラインと保全の統合の難しさの両者が示されていた。そのなかで、保全工の技能の中核をなす、伝統的熟練を基礎とした補修作業、点検、計画業務はA製鉄所では徐々にライン部門に、B製鉄所では徐々に社外企業に移されようとしているが、しかしそれは容易なことではない。本工においても社外工においても保全工はライン部門と比較してOff-JTの期間が相対的に長いが、そこでは機械や電気に関する基礎的な学習と実習が主である。基本的な整備技能は中央整備部門でOJTによって長期間かけて修得される。地区整備はこの技能を前

提にして、担当する特定の機械の構造や癖などを OJT や自己啓発で身につけるのである。ライン労働者や社外工がこうした機会を持つことは現在のところ難しいのである[38]。

本稿の叙述は、保全工の労働の考察にあたって、保全体制の歴史的経緯の問題、ライン・社外企業両者との関係を重視しなければならない[39]ことを示している。このことは既に述べた、労働調査研究に関わる認識論的な問題も含めて、生産システムを支える多様な労働者がどのように編成されているのか、という問題意識に立ち返る必要性を示しているのではなかろうか。

〔注〕

(1) 本稿は2006年度労働社会学会シンポジウムで「技能形成と労働調査：鉄鋼業における重層的労働力編成との関連で」と題して報告した内容に基づいている。当日の議論を踏まえ保全労働に重点を置いた考察としたので、報告と重ならない部分が多くある。報告の土台となった調査の全容については『北海道大学教育学研究科紀要』第94号、2004年および木村・藤澤・永田・上原 (2008) を参照されたい。

(2) 研究会のメンバーは時期により変動している。最終的に報告書をまとめることとなったのは上記の4名である。このうち、木村、藤澤両氏は70年代における鉄鋼調査にも参加している。

(3) 鉄鋼業に関しては、土屋(1996)、藤澤(1999)、上原(2004)。近年増加している自動車、電機等の機械産業における保全労働に関しては注 (36) を参照されたい。

(4) Y社の各製鉄所の表記については道又(1994:5)に従う。A、B、Cはそれぞれ北海道、関東、関西地方に、D、Eは九州に立地する製鉄所である。

(5) その成果が道又 (1978) である。そのなかで藤澤氏が「第1部 大手製鉄所本工労働力の再編・陶冶」、木村氏が「第2部 大手製鉄所社外工労働力の再編・陶冶」を執筆している。以下ではこの成果を「70年代調査」と総称する。対して「研究会」として1980年代後半から2000年代前半にかけて行われた調査を「90-2000年代調査」とする。

(6) 対象とする研究成果については、特に「参考文献」欄に「研究会」の成果に関連する文献として示しておいた。

(7) 「研究会」それ自体の展開過程について総括的に触れたものはない。調査の進展過程については木村 (2002：85-95)、木村 (2004：3-4) を参照されたい。

(8) 以下の調査対象の位置づけについては私自身の思い入れも若干含んでいる。「研究会」における調査の課題や対象のフォーマルな位置づけは研究会の際に配布された、木村保茂「鉄鋼調査準備ノート」、「94年鉄鋼調査にむけて」でなされている。次節の議論と前後するが、「鉄鋼調査準備ノート」では野村正實氏や鈴木良治氏の問題提起を受けた準直接部門の労働、組織構造の問題や技能の平準化、小集団活動の特徴、ブルーカ

ラーのグレーカラー化などが議論されていた。「94年鉄鋼調査にむけて」では、メンテナンスを含む労働の特質、不況下のフレキシビリティ、TPM、教育訓練、リストラ、社外企業の自主管理を含めた社外工問題等々についてのファクトファインディングを受けて、以下に述べる課題が議論された。「鉄鋼調査準備ノート」をまとめたのが木村（1993）である。

(9)　草野・藤澤（1971：90）、藤澤（1978：66, 89-92）。
(10)　木村（1978：226, 243-246）。
(11)　本稿は保全部門に焦点を当てているため、工作課と呼ばれる大規模修理を担当する部門の変遷については副次的にしか扱っていないことに注意されたい。
(12)　この点に関し木村、藤澤両氏に「なぜ70年代の調査では保全工が問題にならなかったのか？」、「調査対象者に保全工はいたのか？」と直接たずねたところ、以下のような回答を得た。

「当時のA製鉄所調査の基本的な問題意識は、明大社研調査の流れを意識して、職場秩序を解明することにあったと思います。ライン労働とメンテ労働を比較するという問題意識はありませんでした。最初の調査対象者のリストアップには、工作課の労働者も数名入っていましたが、職場単位でリストアップ・把握できないという理由から、かなり早い段階で外したと思います。投下労働量もあって、基幹3工程に絞り込んだのも理由かと思います。高炉の労働者も数名やった記憶がありますが、結局、それ以上対象を拡大できないということで、途中で放棄しました。多分、工作課の労働者は調査していないと思います。」(藤澤氏からの電子メール、2007年3月25日)

「A製鉄所調査時の問題関心は藤澤さんが言及した点に加え、資本への対抗点を探すことだったと思います。後者については『労働者はどうして反抗しないのだろうか、そのメカニズムは何か』がしばしば議論されました。保全工調査は少なくとも転炉と線材職場ではなかったと思います。鉄鋼以外では保全工調査（O工営など）を行いました。しかし、現在のようには位置づけていませんでした。」(木村氏からの電子メール、2007年3月26日)

藤澤氏の回答の趣旨は、修理担当の工作課所属（もっとも1972年の組織図には工作課はなくなっているが）の労働者調査の可能性はあったが、放棄されたというものである。そもそも整備課所属の労働者はリストから外れており、当初から調査対象ではなかったのである。とはいえ、調査をリードした道又氏は「職業・技術教育」との関連で保全労働の重要性を指摘していた（道又 1974：36）。

(13)　道又（1978）がすべてこのような問題意識に彩られていたわけではない。藤澤氏の第一部と木村氏の第二部は好対照を成している。富田氏による分類に倣って位置づけるとすれば、後者は「労働力編成論」的な問題意識が強い（富田 2005）。
(14)　職場における対抗的な労使関係の発見という問題意識と「典型産業」の「典型職場」を調査するという認識態度とは非常に親和的である。私は「典型」分野を調査すること、それ自体の認識論的な意味が問われなければならないと考えている。その際、野村（1993）、富田（2005）、森（2005）がいずれも指摘しているように、氏原正治郎氏の

調査論から省みられる必要があろう。
(15) 青木（2004：242-247）の示すF社K製鉄所の資料によれば、保全労働の格づけにあたって、その職務内容に関する記述は詳細なものから一般的なものへと変化している。周知のように、保全部門は職務給体制の中で、独自に技能職務として位置づけられた。職務給体制との関係を含めて、保全労働の変化が鉄鋼労働に与えたインパクトの総体的な理解が必要であろう。
(16) その概略は上原（2004：116）を参照されたい。
(17) この視点は木村氏も参加した松下電器における自動化ラインの調査に大きな影響を受けていると考えられる。小林（1987）を参照されたい。
(18) 永田（1994：44）。
(19) A製鉄所（1958：585）。
(20) A製鉄所『所内報』692号、1967年11月。
(21) A製鉄所『所内報』732号、1970年7月。
(22) 同上。先述したように1963年の保全制度の改訂については藤澤（1978：66）も概要を紹介しているが、「地区」という概念が位置づいていないため、今日的視点から見るとその詳細がわかりにくい。
(23) A製鉄所『所内報』760号、765号、1971年。
(24) 前掲A製鉄所『所内報』692号。
(25) 前掲A製鉄所『所内報』732号。
(26) A製鉄所『所内報』873号、1976年。
(27) 前掲A製鉄所『所内報』760号。
(28) 前掲A製鉄所『所内報』765号
(29) A製鉄所『所内報』873号、1976年。
(30) 藤澤（1995：56-65）。
(31) 町井（1995：97-114）。
(32) 以下、特に断らない限りB製鉄所における保全制度、保全工の労働・技能形成については上原（2004）からの引用、要約である。
(33) 近年の実態については拙稿「社外企業の労働編成と能力開発」木村・藤澤・永田・上原、前掲書、第5章所収、を参照されたい。
(34) ラインと保全の分業に関しては、同上書、第2章、第3章を参照されたい。
(35) これまで述べてきたように、地区整備を担当する本工の特徴として、さらに予算管理に関わる業務があるが、本工全体に関わるものではないのでここでは省いている。
(36) 野村（2001）で小池熟練論の反証とされている各論文、たとえば伊佐（1997）、白井（1998）、富田（1998）、永田（1999）は機械産業における自動化と保全労働の関係に言及している研究である。そのほかにも久本（1997）、小池・中馬・太田（2001）を参照されたい。これらの研究によれば自動車産業や工作機械産業におけるメカトロ化は保守業務の一定の増大を見せている。鉄鋼業の事例に近いのは富田（1998）における化学産業の分析であろう。このことは装置産業における保全労働は現代においても独自の

⑶₇ 例えば、同じY社の新鋭製鉄所でもB製鉄所とE製鉄所では保全体制や設備診断システムの影響に大きな違いがある。また、能力主義管理が保全工に与えた影響に関する分析も充分ではない。保全工独特の労務管理、賃金制度に関しては拙稿「保全工の労働と能力開発」木村・藤澤・永田・上原、前掲書、第3章所収、で試みた。参照されたい。

⑶₈ 中岡・浅生・田村・藤田 (2005：16-18)。なお、「研究会」による調査でも、トラブルの種類とそれぞれへの対応者に関する分析を試みているが、一般化するためにはより多くの工場、製鉄所に関する調査が必要であろう。木村・藤澤・永田・上原、前掲書の第2章と第3章を参照されたい。

⑶₉ ここまで述べてきたように、保全工の労働と技能形成のあり方は、本工・社外工ともに合理化過程において大きく変化している。技能形成は当該企業や事業所の存立のあり方や労働力編成とのかかわりで分析しなければならないことを示している。そのこと自体、技能形成のメカニズムを摘出し、国際比較の俎上に載せるタイプの研究——小池理論に顕著である——の限界を示しているのではないかと思う。

〔参考文献〕
——「研究会」の成果に関連するもの——
道又健治郎編著 1978、『現代日本の鉄鋼労働問題』北海道大学図書刊行会。
道又健治郎：研究代表 1994、『経済構造転換期の産業合理化の特質と人材養成の課題についての実証的研究』、平成4・5年度科学研究費研究成果報告書（以下報告書①）。
―――― 1995、『鉄鋼業のリストラクチャリングと重層的労働力編制の現段階』、北海道大学教育学部附属産業教育研究施設研究報告書、第46号（以下報告書②）。
木村保茂・藤澤建二・永田萬享・上原愼一 2008、『鉄鋼業の労働編成と能力開発』御茶の水書房。
小林甫：研究代表 1987、『大企業労働者の「企業共同体」の構造とその地域的特質に関する実証的比較研究』、(1984・85・86年度科学研究費研究成果報告書)。
道又健治郎 1974、「企業内教育分析序説」北海道大学教育学部産業教育計画研究施設研究報告書11『鉄鋼業の「合理化」と企業内教育Ⅰ』序論。
藤澤建二 1978、「大手製鉄所本工労働力の再編・陶冶」、道又健治郎編著、前掲書、第一部、所収。
―――― 1994、「鉄鋼大手製鉄所の生産過程と本工労働力の特質」報告書①、第一部第一章、所収。
―――― 1995、「生産工程の概要と労働力編制の特質」報告書②、第2章、所収。
―――― 1999、「鉄鋼大手製鉄所の保全労働と教育訓練」『企業社会と教育訓練』北海道大学高等教育機能開発総合センター（『生涯学習年報』第5号）。
木村保茂 1978、「大手製鉄所社外工労働力の再編・陶冶」、道又健治郎編著、前掲書、第二部、所収。

特集　労働調査を考える

―――　1991、「現段階における企業内教育研究の課題」『企業内教育研究』北海道大学教育学部産業教育研究室、第1号。
―――　1993、「労働のフレキシビリティと『能力開発』」『北海道大学教育学部紀要』第60号。
―――　2002、「鉄鋼調査『あれこれ』」『新しい階級社会と労働者像』(『労働社会学会年報』第13号)。
―――　2004、「鉄鋼業の合理化と労使関係」『北海道大学教育学研究科紀要』第94号。
草野隆光・藤澤建二　1971、「鉄鋼独占企業における『合理化』と企業内教育の展開過程」北海道大学教育学部産業教育計画研究施設研究報告書11『鉄鋼業の「合理化」と企業内教育Ⅰ』第一部、所収。
町井輝久　1994、「社外工労働力編成の特質と合理化の現段階」報告書①、第二部第一章、所収。
―――　1995、「分社化と出向問題」報告書②、第4章、所収。
永田萬享　1994、「新鋭製鉄所における労働と教育訓練」報告書①、第一部第三章、所収。
―――　1999、「自動車産業におけるテクニシャン養成の現段階」『企業社会と教育訓練』北海道大学高等教育機能開発総合センター（『生涯学習年報』第5号）。
―――　2004、「鉄鋼業の労働と教育訓練」『北海道大学教育学研究科紀要』第94号。
佐藤眞　1994、「製鋼部門における社外企業の再編と労働力編成の特質」報告書①、第二部第三章、所収。
上原慎一　2004、「鉄鋼業における保全工の労働と教育訓練」『北海道大学教育学研究科紀要』第94号。

―その他―

A製鉄所　1958、『A製鉄所五十年史　部門史（資料編）』。
B製鉄所　1958、『日々新たに―B製鉄所20年史（総合史）（部門史）』。
青木宏之　2004、『「職務の科学化」と現場管理の合理化』明治大学大学院経営学研究科博士学位請求論文。
久本憲夫　1997、「教育訓練と技能形成」石田・藤村・久本・松村『日本のリーン生産方式』中央経済社、第3章、所収。
伊佐勝秀　1997、「日本企業の生産職場における『技能管理』」『日本労働研究雑誌』No.450。
―――　2001、「保全作業の多様化とその規定要因」都留康編著『生産システムの革新と進化』日本評論社、2001年、第5章、所収。
小池和男・中馬宏之・太田聡一　2001、『もの造りの技能』東洋経済新報社。
明治大学社会科学研究所　1961、『鉄鋼業の合理化と労働』白桃書房。
森建資　2005、「官営八幡製鉄所の労務管理(1)」東京大学『経済学論集』71-1。
中岡哲郎・浅生卯一・田村豊・藤田栄史　2005、「職場の分業と『変化と異常への対応』」名古屋市立大学『人文社会学部研究紀要』第18号。
野村正實　1993、『熟練と分業』御茶の水書房。

―――― 2001、『知的熟練論批判』ミネルヴァ書房。
白井邦彦 1998、「生産システムの今日的展開と人材活用」福島大学『商学論集』66-4。
富田義典 1998、『ME革新と日本の労働システム』批評社。
―――― 2005、「製造業労働の研究方法について」社会政策学会編『社会政策学会誌』第13号。
土屋直樹 1996、「鉄鋼業における作業組織と人材形成」『日本労働研究雑誌』№.440。

パート労働分析のために
―― 雇用形態カテゴリー解体に向けて ――

三山　雅子
(同志社大学)

1. パート労働分析の視点

　男性労働者のようには働けないということについて、これまで私たちは必要十分とは言えないけれども、たとえば育児休業や介護休業の成立にみられるように努力をしてきた。こういう形で、私たちは働けないを働けるにしてきた。そして同一価値労働同一賃金のような思想とそれを日本で実現しようとする女性の運動は、私たちは一人前にちゃんと働いている、だからそれを正しく評価せよと迫り、そして部分的には実現してきた(1)。

　しかし、私自身は男性労働者のようには働けないから・働きたくないから、考えたいと思った。できるのではなく、むしろできないから・したくないから、パート労働研究をスタートしたいと思った。はっきり言おう。働けないということを、社会的ツールを創出して働けるにするだけではなく(2)、男のように働けなくて・働きたくなくて悪いのだろうか、働けないけれど・働きたくないけれど、それでも必要だから働いているというところから考えたいと思った。換言するならば、働くことに対して必要ということ以上に価値付与を行わないことから思考をスタートさせようと考えたということである。

　こんなことを考えたのは、一つにはパート労働者の多くが、事実としてフルタイムで、つまり正社員の男性労働者のようには働けない・働きたくない人々だからである(3)(4)。そして今一つに私自身が調査の中で目にしたパートは、今でこそ後述するようにそのごく一部に管理的業務を担う人々も作られてきたけれど、しかし、その圧倒的多数はある程度経験を積めばできる仕事をする人々であったからだ。それらの仕事は、キャリアの展開が望めないか、管理する側の効率のためにキャ

特集　労働調査を考える

リア展開を人為的に断ち切られた仕事でもあった。つまりパート労働者とは、その職場において不可欠な単純労働を担う人々であった。そういう形で職場を支える人たちであった。こういう人たちから考えたいと思ったのは、単純労働[5]はいついかなる時代にも残り続けるであろうこと、またあまりにもあたりまえのことであるが仕事とその仕事を担う労働者を管理する仕事は、常にその職場にいるごく一部の人間が行うにすぎないと考えるからだ。つまり働く普通の人々から、パートに象徴される非正社員の労働問題について考えたいと思った。

こういう地点からパート労働者について考えることは、必然的に多くのパートという女性労働者ができないと思うことをなぜ正社員である男性労働者はできるのか、また男性労働者の働き方である正社員が、なぜ働き方の基準となっているのかという問いを惹起する。さらに私自身は企業内の労働を対象とした労働問題研究者なので、直接研究対象とすることはないけれど、人々の私生活として現れる非労働時間に行われる諸行為を常に念頭に置きながら、企業内労働を分析することが必要不可欠と考えるようになった。

以上パート労働・労働者について考察する際の私の視点を述べてきた。本稿では正社員で働くのは難しい、今のような正社員では働きたくないと考える人々が、職場の中で、社会の中で果たしている役割をまともに評価されるために何が必要なのか、この点からみてこれまでのパート労働研究において、何が明らかにされ、何が明らかにされず課題となっているのかみていきたい。

2．パート労働研究の到達点

パートに対する研究は、このような雇用形態で働く人々の増大とともに始まっている。研究が開始された当初はパートがどういう労働者で、どのような雇用管理が適用されているのか等、新たに出現したパート労働者という存在それ自体に関心が注がれていた[6]。このようにパート労働者に社会的関心が集まったとはいえ、労働市場における位置づけは、パート労働者は非正社員であり正社員ではないという意味で、正社員とは異なった処遇体系を適用された有期雇用労働者であり、企業の中核労働力とはみなされなかった。あくまでも周辺的労働者という認識が一般的であった。たとえば津田眞澂（1982）は「パートタイマーの労働市場にお

ける位置づけとしては、正規常用労働者を核心労働者（core labour）、パートタイマーを縁辺労働者（peripheral labour）と定義することが普通のようである」と述べる。

しかしながらパート雇用の拡大・定着（＝量的基幹化）に伴い、従来は女子正社員が主に担当していた部門にもパート労働者が大量に進出していること、しかも、パート労働者はほとんど上司の判断を受けず自分の判断で仕事を行っていることが、流通業を対象とした津田真澂・林大樹（1980）によって観察された。同じく流通業を対象とした脇坂明（1986）は、男子正社員と主婦パートの完全な男女分業型である「青果売場型」と男女パートも含めて、従業員それぞれが担当商品を持ち、それについてかなりの裁量権を持っている「婦人服売場型」の二類型を見いだしている。つまり中核労働力ではないはずの非正社員パートの中に、正社員と同じ仕事をしている人たちが存在していること、そのような意味で質的な基幹化が進んでいることが明らかになったのである。それ以後、正社員とパート労働者の職務内容の同一性に研究上の関心が注がれ、主として流通業をフィールドに質的基幹化に関わる研究が精緻化されていく。たとえば本報告を中村恵が執筆した労働省大阪婦人少年室、大阪パートタイム雇用・労務管理改善研究会（1989）は正社員とほぼ同一の仕事をこなしており、能力評価の結果を能力加給として反映され技能形成へのインセンティブがある「基幹パート」と正社員の仕事のうち定型業務を中心にして正社員労働を補完し、賃金制度上も能力開発のインセンティブがない「補完パート」の二類型を抽出している。

縁辺労働力とみなされていたパート労働者が、職場の中で質量ともに基幹的役目を果たしていることが明らかになる中で、彼らの働くことをめぐる意識に関しても関心が持たれるようになった。たとえば筒井清子・山岡熙子（1982）は、この職場でずっと働きたいとパートタイマーの過半数は答えているにもかかわらず、正社員（フルタイマー）に変わりたい者は2割ほどしかいないこと、正社員に変わりたくない理由は「労働時間が長いから」と「気楽に休めないから」に集中していること、パートタイマーの欠勤理由は子どもに関するものや家事・看護といった家庭役割に関するものが主要部分を占めていることを、大型スーパーのパートタイマーに対する実態調査から指摘する。時代は下るが佐藤博樹（1998）

も女性の派遣労働者および短時間勤務パートタイマー(若年、既婚女性、高齢者)は、「正社員に比べ、仕事よりも生活を重視する『労働志向』を保有している」と述べる。つまり非正社員の中心をなすパート労働者とは、仕事第一の生活をおくることができないあるいはおくりたくない人たちなのである。

以上みてきたような労働意識において正社員とは異なる人々であるパートを、正社員と同じ性格の仕事をするまで、企業がいかにして育成していったのかを分析したのが、三山雅子(1991a)である。三山はOJTや生産性向上運動を含む企業内教育過程を分析することにより、1). 企業はパートに対し仕事上の目標と目標達成のための権限を与えることにより、個人としての積極性をパートから引き出していたこと、2). 売場や係を単位とした小集団活動にパートも参加させることにより、売場や係といった集団の仕事の仕方を作り替えていること、3). しかしパートと正社員では目標の範囲と人事考課上の扱いに違いがあり、企業がパートに期待しているまた期待しうる責任感は正社員とは異なることを見いだした。

1990年代後半にいたって、日本の雇用構造は大きな変化を示した。単に非正社員が増加するのではなく、正社員が減少する中で非正社員が増加するようになったのである。正社員比率が低下した(=非正社員比率の上昇)職場の中で、パートは正社員と同じ仕事を担当することに加え、パートの管理職への任用が本格化するようになった。このような意味で、パートの質的基幹労働力化は新たな段階に入った。本田一成(1998)は1980年代後半から公式に管理職として活用し処遇する企業が増えてきたことを指摘する。三山雅子(2003)も同様に管理職パートの出現を確認するが、それは待遇における格差を残したままでの登用であった。三山は、管理職パートの出現はバブル経済の崩壊以降の質量両面にわたるパート基幹化の深化の結果だとする。パート比率の上昇により企業は、企業からみて貢献度の「低い」仕事にパートを部門の繁忙時に集中的かつフレキシブルに配置し、また一部パートを主任のような末端管理職業務に配置するようになった。このようなパート比率の上昇は正社員比率の低下でもあるのだが、その結果、正社員は主要には店舗実務の担い手ではなくなり、転勤をしながら中小型店主任より上位の管理業務を担うことを期待される存在となったと三山は指摘する。つまりさらなるパートの質的量的基幹労働力化の結果、パートと正社員の仕事分担の境界線

が作り直されたのである。その結果、正社員であり続けるためのハードルは上昇した。この時期ハードルへの挑戦が女性正社員にも開かれ始め、女性管理職も登場するようになった。しかしその一方で、ハードルの上昇は正社員比率を減少させた。この正社員比率の低下は、男女に同様の強さで生じたのではなく、男性と比較すると女性の減少幅が大きかったこと[18]、つまり正社員の一層の男性化が生じたと三山は指摘する。

　本田一成 (1998)・三山雅子 (2003) は管理職という職務の面から基幹労働力化の新段階をとらえたが、職務に加え就業実態の面から非正社員が正社員にどの程度接近しているのか、また接近により企業の雇用管理制度にどのような変化が現れているのかを分析したのが武石恵美子 (2006) である。武石も、1).90年代以降の非正規の拡大は従来正規労働者が主に担ってきた管理業務・指導業務・判断業務を非正規労働者が担っていくという意味で、非正規労働者の基幹労働力化という質的な変化をともなっていること[19]を指摘する。企業は基幹労働力化と並行して、2).雇用管理制度面での整理を進めてきたこと[20]、しかも、仕事や就業実態(所定労働時間、残業・休日出勤、配点、住所変更をともなう転勤、責任の重さ)において非正社員の正社員への接近の程度を「類似度」として指標化すると[21]、3).異動の幅といったキャリア管理や責任の重さの類似性が、事業所の正社員登用制度の促進を促し、また正社員と同じ賃金決定方式の実施につながっていること[22]、4).「類似度」が高いパート社員は、責任ある仕事等高いレベルのキャリア展開を望み、また能力に応じた処遇やフルタイム正社員への転換制度を望む傾向が強いとしている[23]。ここで大事なことは、仕事に加え就業実態におけるパートの正社員への接近が、正社員登用制度の導入や正社員と同じ賃金決定方式の実施などパートの処遇改善につながる雇用管理制度の導入を左右しているという点である[24]。

　職務と就労実態からみた基幹労働力化概念の提示に加え、責任や就労実態、キャリア管理の方針によって緩やかな格差を認める「日本型の均衡処遇ルール」が政府方針として示されたことにより、西野史子 (2006) は研究上の関心は正社員と非正社員の間の、責任や就労実態の同異の解明に移ったとする[25]。西野は月間労働時間120時間以上という意味での「基幹パート」と正社員を、「職務内容」・「責任」・「職務経験の幅」・「拘束性」の4点から比較した時に、1).職務内容の点では「基

幹パート」と正社員は相当程度重複しているけれど、2).責任の重さや職務経験の幅、拘束性の点では「基幹パート」と正社員は異なっており、「基幹パート」の正社員への接近は未だ限定的であること、3).つまり就労実態の違いによって格差を容認する「均衡処遇ルール」では格差が温存される可能性が残ること、しかし、4).就労実態の違いを考慮せず純粋に職務の同一性を問う均等処遇政策の場合、企業が正社員と非正社員の業務の再分離をはかることで、均等処遇の適用を回避する可能性があるとしている。[26]

　武石・西野の議論とも、正社員とパートでは職域・職責が異なっていることが議論のポイントとなっている。この点について取り扱っているのが禿あや美(2001)、佐野嘉秀(2002a)、佐野嘉秀(2002b)である。禿(2001)は労働組合がパートを組織化している電器産業A社を事例として、パートの職域・職責が限定されていることが労使関係上・労務管理上どのような意味を持つのか、より正確に言うならば非正規従業員の企業内における位置付けが労使交渉の過程でどのように形作られてきたかを歴史的に分析している。禿によると、同様の仕事を行う者を低い賃金水準、異なる賃金制度の下で雇用することは、労務管理上さまざまな問題をもたらす。そのため、パートタイマーの前史ともいうべき臨時工登用闘争を経験したA社では、パートを組織化しているA社労組の闘いによりパートの処遇改善が部分的に勝ち取られた[27]一方で、「パートタイマーの仕事は導入当初から労使双方によって、正社員がそれぞれ担っていた仕事のうちの補助、準備作業のみを括りだしたものになるべく限定されていた。制度を正社員とはっきりとわけ、キャリアや仕事の内容をなるべく区別することによって、処遇を巡るパートタイマーの不満が顕在化することを防ぎ、安定的に『活用』しようとした」(圏点引用者)[28]というのである。佐野嘉秀(2002a)は百貨店A社、佐野嘉秀(2002b)はホテル業B社という異なった産業の企業を対象に、パート労働の職域が形成される仕組みを解明しようとしたものである。佐野によると、A社においては労使協議、B社では労使交渉を通じてパートの職域の大枠が決定されている。A社では販売利益や職場運営の能率確保のため、経営は高度な技能や商品知識、責任を要求する仕事、社員に対する指揮命令をともなう仕事を社員の職域に位置づけている。[29]一方A社労組も労使協議を通じ、社員とパートの職域区分に関する基準を設定してい

るが、その目的は組合員である社員の雇用機会のパート労働による蚕食を抑制すること、社員とパート労働の賃金格差についての合理性を高めること、そして、とくに、パート労働者比率の上昇にともなう社員の労働強度の上昇を抑制することにある（圏点引用者）[30]。B社においても、経営はサービスの質や組織の秩序（＝パート労働者は社員の下に位置づけられている）、社員の技能形成の機会、社員のキャリア形成や勤続へのインセンティブを大きくそこなわない範囲で、パート労働の職域拡大と増員を労働組合に要求し、人件費への投資効率を最適化しようとしている。B社労働組合も、社員の雇用機会の保持や経営に関する交渉力の確保、社員の内在的報酬の前提となるサービスの質の維持、社員の労働強化の抑制を目的に、パート労働の職域拡大と増員を規制している[31]。禿も佐野も調査対象の労働組合の性格については明示していないが、叙述から判断して正社員が多数派を占める企業別労働組合とみなしてよいであろう[32]。私見によるならば、彼らの事実発見において枢要なことは、1). 正社員が多数派を占める企業別労働組合・経営がそれぞれ自己の利益に即してパートの仕事・職域を制限しようと行動していること、2). 現に存在する正社員とパートの賃金格差を、パートの担当する仕事・職域を限定することによって、正社員が多数派を占める企業別労働組合と使用者が「合理化」しようとしていること、3). このような労使の行動とパート処遇の部分的改善は両立することである[33]。

　パートの基幹労働力化を主婦層パートの昇格問題という側面から解明したのが金井郁（2005）である。金井は職能資格の高い上位職パートが少ない理由を、1). 上位職につくための仕事への意欲やパフォーマンス、労働時間の延長等ジェンダー役割と密接に絡み合ったハードルをパートがクリアーすることと（供給側要因）2). 上位職へのキャリアルートは、パートに能力や意欲があっても誰にでも保障されるものではなく、企業部門の人材構成の中で上位職パートが必要でありかつ部門内でパート育成が行われること（需要側要因）の2点が、ある店舗のある職場で一致してはじめて上位職パートが生み出される条件となるからだとする[34][35]。しかも金井は、パートの昇格は時間を度外視しても「仕事を優先させる」という意味において、家庭生活との両立が難しい拘束性の高い正社員の働き方に近づいてきていることを指摘する。つまり基幹労働をするには家庭生活との両立が難し

特集　労働調査を考える

い「企業拘束的な」働き方を前提とする企業論理が上位職パートにも維持され、パートの昇格は世帯内で一手に家庭責任を背負う立場からある程度開放された、もしくはそのように認識する一部の主婦層パートに適用されるにすぎないと述べる。[36]

　この働き方に注目するのが三山雅子（1994）である。雇用形態というプリズムを通して働き方に具体化されている労働をめぐる秩序について考察した三山は、パートという働き方が仕事内容や労働時間において多様性を示しながらも、仕事以外の何かを抱えた人たちの働き方であるという共通点があることを指摘する。しかも、このように仕事だけに時間を取ることができない・取られるのが嫌な人たちの働き方であるパートは、共通して低賃金でもあった。労働第一に振る舞うことができない・しないパート労働者に対し、このような評価を社会が下していることから三山は、正社員という基準的な働き方が非労働とは矛盾なしに並列しない労働至上主義的働き方であること、そして基準としての正社員という働き方がこのように労働至上主義的な働き方であるということは、社会における労働をめぐる秩序が人間の行っているあらゆる行為の第一に労働を配置し、非労働とみなされた諸行為を労働という目的に向かって整序していく傾向があることを示しているのだと指摘する。そしてこのような労働秩序を有する社会では、非労働を抱えた労働者の大多数は労働に即して24時間を生きることができないという意味で、常にその秩序からズレた半人前の二流労働者として企業からは処遇されるであろうと述べる。[37]

　就労実態も含めるとパートの正社員への接近は未だ限定的であるとはいえ、正社員とパートが同じ仕事を担っているという事態の出現は、必然的にパートと正社員の処遇格差をクローズアップすることとなった。[38]たとえば、生協を事例に職域拡大のもたらした帰結を解明した禿あや美（2003）は「パート職員と正規職員の職域が重なるにつれ、その仕事振りが常に比較されるようになり、キャリアパートが正規職員と同等、あるいはそれ以上の職務をこなすようになったにもかかわらず、その一方で、正規職員とパート職員の処遇格差は事実として存在し続けたことから、格差の合理性に疑問が呈され」[39]、「パート職員の職域拡大を促進すればするほど、正規職員との処遇格差問題は先鋭化することになってしまった」[40]こと

を指摘している。つまりパートが正社員と同等あるいはそれ以上の職務をこなしているにもかかわらず処遇に格差があることが、職場秩序を動揺させたのである。以下パートの処遇をめぐる論考についてみていこう。

雇用区分多元化の実態と企業の均衡処遇に対する取り組みの促進要因を分析している佐藤博樹・佐野嘉秀・原ひろみ（2003）はパート（正社員より勤務時間の短い非正社員）の処遇について、計量分析によるならば、1).企業内におけるパート活用の単純な量的拡大は正社員とパートの均衡処遇に必ずしも影響を与えていないけれど、2).仕事内容や責任が正社員と全く同じか8割以上同じパートがいる企業ほど、このようなパートと正社員の処遇均衡への取り組みが積極的であることを見いだしている。[41] しかしながら、3).アンケート調査の結果でみると、パートと正社員で「仕事内容や責任が全く同じあっても、両者の労働条件に関して均衡配慮に取り組む企業は多数ではない。これには、両者の雇用区分の内実が同一であるにも関わらず、正社員・非正社員の区分を前提に労働条件を設定していることが影響」（圏点引用者）しているからだとする。[42] つまり職務・職責が正社員に近づこうとも、雇用形態の違いによって処遇を変える企業の方が今のところ多いと考えられる。その結果、日本全体のパートと正社員の処遇格差の現状は厚生労働省雇用均等・児童家庭局（2002）によると、責任の重さ等役割の違いはあるにしても、従来正社員がやってきた仕事にパート等が組み込まれるという意味で基幹的な役割が増大した下でも、パートの所定内給与は正社員と比較すると男女とも格差があり、しかも欧米諸国と比較するとわが国は、アメリカ、イギリスと並んで格差が大きくなっている。[43]

このような処遇格差について篠崎武久・石原真三子・塩川崇年・玄田有史（2003）は、パート（60歳未満の女性）の職務上の責任度が正社員と事実上変わらない場合、賃金格差に対するパートの納得度は著しく低下するとし、正社員との職務の類似性を考慮したうえで、パートの処遇・労働条件の決定に際して正社員との均衡を考慮する必要があることを数量的に再確認している。[44]

3. カテゴリー解体に向けて

駆け足でパートの基幹労働力化と処遇をめぐる議論をみてきた。パートと正社

特集　労働調査を考える

員の差異と同一性、そしてこれらと処遇との関係に関心が集中していたと言えるだろう。パートを中心とした非正社員労働問題とは差別的待遇からの解放の問題であり、このことを最も典型的に表現しているのは同じ仕事をしている場合である。だからこそパートと正社員の差異と同一性に関心が注がれ、仕事内容に加え就業実態が加味されるなど、差異と同一性秤量の精緻化が測られたと言ってよいだろう。しかし、この点にこそ私はパート労働研究の課題があると考えている。

　パート・正社員の差異と同一性に関わって既存研究が明らかにしてきたことは、現時点では、パートと正社員では仕事内容における重複が観察されるけれど、就労実態も含めるとパートの正社員への接近は未だ限定的であること、正社員上位の差異があるということである。しかし、研究史を振り返るならば、職務と就労実態においてパートと正社員を区分する境界線は可変的であり、これまで変動してきたことも明らかである。正社員上位の構造を温存する境界線の構築には、正社員を上位に配置する雇用形態別の職務配分が決定的意味を持っていた。そしてこの配分には正社員が多数派を占める労働組合と経営が関与していた。パート・正社員の職務と就業実態が構築されてきたものであることは明らかだ。さらに働き方という点から正社員をみると、仕事に加え就労実態におけるパートの正社員への接近が、パートの処遇改善に繋がる雇用管理制度の導入を左右していた。そうであるにもかかわらず、正社員という働き方は企業拘束的・労働至上主義的働き方であることにより、正社員から多くの女性を排除し、パートの上位職への進出を制約していた。換言するならば正社員上位の構造の下では、正社員はパートよりも一層企業拘束的・労働至上主義的な働き方を求められること、その結果、正社員という働き方自体が男性化され（＝正社員の男性的構築）、多くの女性正社員とパートのキャリア展開や処遇を制約し、差異を作る要因となっていた。つまり雇用形態毎の職務配置と働き方をみた時、パートと正社員は独立に存在しているのではなく、ジェンダーを介して相互規定的存在なのである。

　正社員を基準にしてパート・正社員の差異と同一性を秤量する視角からは、この連関は不問にされ、パート分析が正社員分析に跳ね返っていかず、両者は切断される。私はこの二つの雇用形態の有り様がどう関連しあっているのか、その関係性こそが問われなければならないと考えている。この連関を不問にして、正社

員を基準に正社員との同一性にのみ研究の焦点を当てるならば、パート労働問題の全体像を見失うと考えるからである。どういうことか。既存研究にもあるとおり、管理職（上位職）パートは、パート全体のなかでみた時少数派である。[46] むしろ正社員とは分離した、あるいは正社員がキャリアの初期に経過的に担っている業務を担当しているパート、職域拡大されていないパートこそが、パートの多数派である。そしてこのような仕事をしているパートこそが職場の中心である、彼らがいないと仕事はストップしてしまうという職場も少なくないであろう。仕事の難しさとその仕事が基幹的か否かということは無関係なのだ。けれどもパートと正社員の同一性に焦点を当てている限り、これらのパートは見落とされ、パートの多数派が抱えている問題——低賃金と雇用の不安定——は視野から落ちてしまうことになる。

　上位職からの非正社員の排除、正社員の下位職務からの排除という現時点の動向をみた時、もちろん職務序列のすべての階梯における仕事が、パートをはじめとした非正社員と正社員に開放されることが必要であろう。そのためには、正社員の企業拘束的・労働至上主義的働き方が、正社員から多くの女性を排除し、パートのキャリア展開や処遇を制約していたのだから、ここにメス入れ、正社員の働き方を非労働と並立するものに作り替えていくことが大切であろう。つまり正社員という働き方の脱男性化が必要であろう。一方、職務の構造は簡単な仕事を底辺に難しい仕事を頂点に置くピラミッド型と考えられる。だとしたならば、あらゆる仕事が非正社員と正社員に開放されるだけでは不十分であろう。職務序列の一番下に配置される仕事に対して、まともな処遇が提供されることが不可欠である。そのためには、これらの職務を職務価値の点から価値づけるすること、つまり公正な職務評価が必要であろう。[47] しかし、それに加え、職務評価とは別な論理によって、これらの仕事を価値づけていくことが大切であると私は考えている。なぜなら職務評価——たとえそれが公正なものだとしても——の結果、職務序列の最下位に位置づけられたのだから、職務評価とは別な論理によって賃金の下限を支えることが求められるであろう。その時、要となるのは、何よりもその仕事の遂行がその職場に必要であるということだ。必要性の点から職務序列の最下位の仕事を価値づけ、処遇に跳ね返らせていくこと、それは結局労働組合運動のスター

特集　労働調査を考える

ト地点を再確認することになるだろう。

　今私たちに求められているのは、境界線の現状を描くことではない。パートを劣位に配置することに結果する仕組みを暴き、境界線を無力化していくこと、そのことによって正社員・パートといった雇用形態カテゴリーそれ自体を解体することである。

〔注〕
(1) 屋嘉比ふみ子によって闘われた京ガス男女賃金差別裁判と同裁判を理論的に支えた森ます美 (2005) を想起してほしい。
(2) 誤解を避けるために述べておくならば、もちろん社会的ツールは必要であると私は考えている。
(3) 若年男女労働者の非正規化が進むまでは、パートに代表される非正社員は中高年女性の働き方、正社員は男性の働き方とみなすことが可能であった。
(4) 厚生労働省大臣官房統計情報部編 (2003) によると、パート等労働者の中には、疑似パートである「その他」労働者の年齢15-39歳と45-49歳の男性、25-29歳と35-39歳の女性、短時間就労者である「パート」の年齢25-34歳と40-44歳の男性のように、正社員になりたい人々も存在する。しかし総数でみた時、その60.6％は今後も「パート等で仕事を続けたい」と考える人々である。ただし、労働大臣官房政策調査部編 (1997) と比較するならば、男性の「その他」・「パート」で「正社員になりたい」とする比率が上昇していることに留意すべきである。
(5) 単純労働については、もはや30年も前の論考になってしまったが、やはり熊沢誠 (1976) のⅡ・Ⅲが示唆に富む。グローバル化し、サービス経済化が進展した現代日本の単純労働については熊沢誠 (2007) 第1章、とりわけ18-25頁を参照のこと。
(6) 例えば松島静雄 (1972) 参照。
(7) 津田真澂 (1982) 2頁。労働省婦人局編 (1987) も「一般的にパートタイム労働については、一時的、補助的労働で、不安定雇用であるという認識が根強い」(22頁) ことを指摘している。
(8) 前出、津田真澂 (1982) は「たしかにパートタイマーは縁辺労働力として出発したのだが、昭和50年代の労働市場の多様な展開によって、その他の縁辺労働力が爆発的に増加した。この中に『学生アルバイト』をつけ加えれば、日本では、もはや『縁辺』と称するには余りにも大きな労働市場が核心労働者を取りまいてしまったということなのである」(3頁) と指摘する。パートの量的な基幹労働力化については本田一成 (2001) およびパートの要員管理と企業の部門業績管理の関連について取り扱った小野晶子 (2001) 参照。
(9) 津田真澂・林大樹 (1980) 6-8頁。
(10) 脇坂明 (1986) 37-41頁。

⑾　本田一成 (2001) は量的な基幹化が質的な基幹化を引き起こすこと指摘する。同39-40頁参照。
⑿　労働省大阪婦人少年室、大阪パートタイム雇用・労務管理改善研究会 (1989) 2-5頁。また中村恵 (1990) も参照。
⒀　筒井清子・山岡熙子 (1982) 45-46頁。
⒁　佐藤博樹 (1998) 7頁。なおここでのパートタイマーとは短時間勤務のパートタイマーである。
⒂　三山雅子 (1991a) 36頁。期待しうる責任感がなぜパートと正社員で異なるのかを労務管理制度との関連で分析したのが、三山雅子 (1991b) である。また正社員についてだが、女性が上位のマネジメントに出現しないという意味で男性とは異なった扱いを受けていることを労働組織の中にあるジェンダー関係・ジェンダー規範の構築の有り様から分析するのが木本喜美子 (2003) である。
⒃　厚生労働省雇用均等・児童家庭局 (2002) 14-15頁参照。
⒄　本田一成 (1998) 61頁。
⒅　三山雅子 (2003) 20頁、22-26頁。
⒆　武石恵美子 (2006) 116-117頁及び143頁。したがって武石の基幹労働力化概念においては、「非正規労働者の仕事内容が企業の業務遂行に欠かせないものであっても、その仕事内容が内部労働市場の正規労働者と接点をもたなければ、それを基幹労働力化とはみなさない」(同書117頁) こととなる。
⒇　武石恵美子 (2006) 143頁。整備された雇用管理制度とは、基幹的な仕事を分担する非正規労働者選別の仕組み・能力評価制度と能力に応じた処遇・基幹労働のための、もしくは基幹労働力化を進めるための非正規労働者の定着促進・正規労働への転換・労働組合への加入である。
㉑　武石恵美子 (2006) 145-146頁。
㉒　武石恵美子 (2006) 149頁。
㉓　武石恵美子 (2006) 151頁。
㉔　仕事内容ではなく、労働者が企業に対して負っている拘束の大きさ (＝武石の言う就業実態に相当) に注目したのは水町勇一郎 (1997) が最初である。水町は、労務提供以外に使用者に対して負う義務 (所定時間外労働、配転、副業禁止、競業避止等の付随義務) が日本のパートと正社員では異なっていること、この点がフランス・ドイツのパートとフルタイマーとの違いであり、日本における平等取り扱い原則の導入・確立を困難にさせている一要因であるとする。水町勇一郎 (1997) 213-215頁参照。パートの低拘束ゆえの低賃金は経済的に合理的であり法的にも正当であるという水町の主張 (同書234-235頁) に対しては、大沢真理 (2001) の批判がある (同書71-72頁、78-79頁)。
㉕　西野史子 (2006) 849頁。
㉖　西野史子 (2006) 858-860頁。
㉗　禿 (2001) 10-13頁。

特集　労働調査を考える

⑱　禿 (2001) 16頁。
⑲　A社では、組織上パート社員は社員の下に位置づけられ、社員の指揮命令に従う立場にある。佐野嘉秀 (2002a) 23頁。
⑳　佐野嘉秀 (2002a) 39-40頁。
㉑　佐野嘉秀 (2002b) 16頁。
㉒　禿あや美 (2001) によると、1996年のA社労組の組合員数は89,032名、同時点の定時社員 (パートタイマー) は1,138名である (同書3頁)。佐野嘉秀 (2002a) によると、商業労連における中核的な組合であるA社労組のA社支部の1997年3月現在の組合員数は4,591名、98年4月1日より非正社員の一部が組織化され、98年6月現在53名の非正社員の組合員が存在する (同書21頁)。また佐野嘉秀 (2002b) によると、ホテル労連における中核的組合であるB社労組の1998年現在の組合員数は1,861名、そのうち17名がパート労働者である (同書2頁)。
㉓　パートを組織化している企業別労働組合のこのような行動を理解するうえで、「パート労働者が組織化され、組合員としての権利がたとえ正規組合員と同じであっても、組合活動が正規・パート組合員の間で垂直的に分離していれば、組合の意思決定過程への関与が正規組合員と比べてパート組合員は低い」という金井郁の指摘は示唆に富む。金井郁 (2006) 53頁参照。
㉔　武石恵美子 (2006) も「パートタイム労働者の中に上位職を設定している場合、ほとんどの企業でその割合は1割程度以下」と指摘する (同書129頁)。
㉕　金井郁 (2005) 35-36頁。
㉖　金井郁 (2005) 36頁。
㉗　三山雅子 (1994) 79頁。
㉘　たとえば厚生労働省雇用均等・児童家庭局 (2002) 26-28頁参照。
㉙　禿あや美 (2003) 200頁。
㊵　禿あや美 (2003) 202頁。
㊶　佐藤博樹・佐野嘉秀・原ひろみ (2003) 42-43頁。
㊷　佐藤博樹・佐野嘉秀・原ひろみ (2003) 44頁。
㊸　厚生労働省雇用均等・児童家庭局編 (2002) 27-30頁。なお、日本についての原資料は厚生労働省「賃金構造基本調査」である。
㊹　篠崎武久・石原真三子・塩川崇年・玄田有史 (2003) 71頁。
㊺　この点については鴨桃代 (2007) 参照。
㊻　管理職 (上位職) パートは、管理職ポストの数以上に増えることはない。
㊼　熊沢誠 (2007) は「どんな仕事にも、単純労働にも、注意深い作業遂行の責任は求められます。――なぜ、こんな自明なことを語るかというと、例えばペイ・エクイティ (同一価値労働同一賃金) に不可欠な職務評価を行う際、しばしば下層労働にも課せられる責任が無視または軽視されるからです」と述べる (同書25頁)。

〔引用・参考文献〕

本田一成 1998、「パートタイマーの個別的賃金管理の変容」『日本労働研究雑誌』№460号、所収。
――― 2001、「パートタイマーの量的な基幹労働力化」『日本労働研究雑誌』№494、所収。
鴨桃代 2007、『非正規労働の向かう先』岩波書店。
禿あや美 2001、「電機産業のパートタイマーをめぐる労使関係」『大原社会問題研究所雑誌』№515、所収。
――― 2003、「小売業における処遇制度と労使関係」社会政策学会編『現代の失業』法律文化社、所収。
金井郁 2005、「パート労働者の昇格問題とジェンダー」『F-GENS Journal』№4、所収。
――― 2006、「企業別組合におけるパート組合員と意思決定過程への関与」『大原社会問題研究所雑誌』№568、所収。
木本喜美子 2003、『女性労働とマネジメント』勁草書房。
厚生労働省大臣官房統計情報部編 2003、『平成15年パートタイマーの実態』。
厚生労働省雇用均等・児童家庭局編 2002、『パート労働の課題と対応の方向性』財団法人21世紀職業財団。
熊沢誠 1976、『労働者管理の草の根』日本評論社。
――― 2007、『格差社会ニッポンで働くということ』岩波書店。
松島静雄 1972、「パートタイマーの雇用と管理」婦人雇用調査研究会編『これからの婦人雇用』学陽書房、所収。
三山雅子 1991a、「パートタイマー戦力化と企業内教育」『日本労働研究雑誌』№377、所収。
――― 1991b、「能力主義管理とセックス・ジェンダー」『賃金と社会保障』№1061、所収。
――― 1994、「働き方とジェンダー」原ひろ子他編『ジェンダー』新世社、所収。
――― 2003、「日本における労働力の重層化とジェンダー」『大原社会問題研究所雑誌』№536、所収。
水町勇一郎 1997、『パートタイム労働の法律政策』有斐閣。
森ます美 2005、『日本の性差別賃金』有斐閣。
中村恵 1990、「パートタイム労働」『日本労働研究雑誌』№364、所収。
西野史子 2006、「パートの基幹労働力化と正社員の労働」『社会学評論』№224、所収。
小野晶子 2001、「大型小売業における部門の業績管理とパートタイマー」『日本労働研究雑誌』№498、所収。
大沢真理 2001、「非正規は差別されていないか」上井喜彦・野村正實編著『日本企業 理論と現実』ミネルヴァ書房、所収。
労働大臣官房政策調査部編 1997、『平成9年パートタイマーの実態』。
労働省婦人局編 1987、『パートタイム労働の展望と対策』婦人少年協会発行、日本労働協会発売。
労働省大阪婦人少年室、大阪パートタイム雇用・労務管理改善研究会 1989、『技能という視点から見たパートタイム労働問題についての研究』。

特集　労働調査を考える

佐野嘉秀　2002a、「パート労働の職域と労使関係―百貨店の事例―」仁田道夫編『労使関係の新世紀』日本労働研究機構、所収。
―――　2002b、「パート労働の職域と要員をめぐる労使交渉―ホテル業B社の事例」『大原社会問題研究所雑誌』No.521、所収。
佐藤博樹　1998、「非典型的労働の実態―柔軟な働き方の提供か？―」『日本労働研究雑誌』No.462、所収。
佐藤博樹・佐野嘉秀・原ひろみ　2003、「雇用区分の多元化と人事管理能力主義管理題」『日本労働研究雑誌』No.518、所収。
篠崎武久・石原真三子・塩川崇年・玄田有史　2003、「パートが正社員との賃金格差に納得しない理由は何か」『日本労働研究雑誌』No.512、所収。
武石恵美子　2006、「非正規雇用の拡大と女性のキャリア」武石恵美子著『雇用システムと女性のキャリア』勁草書房、所収。
津田眞澂　1982、「パートタイム労働問題を考える視点」『日本労働協会雑誌』No.284、所収。
津田眞澂・林大樹　1980、「チェーンストア・パートタイマーの実態と意識」『日本労働協会雑誌』No.260、所収。
筒井清子・山岡熙子　1982、「女子パートタイマーの労働実態とその意識」『日本労働協会雑誌』No.284、所収。
脇坂明　1986、「女子労働者昇進の可能性―スーパー調査の事例から―」小池和男編著『現代の人材形成』ミネルヴァ書房、所収。

労働調査とジェンダー
──小売業の労働組織分析を中心に──

木本喜美子
(一橋大学)

1. 本稿の問題関心と課題

(1) はじめに

　本稿は、労働調査にジェンダー視点をどのように導入し、実際の調査研究を進めていく必要があるのかを考えるために、私自身の1990年代以降の試行錯誤をひとつの素材として位置づけ、今後の課題を見通すことをねらいとしている。

　まず、労働研究にジェンダー視点を導入する問題意識を喚起した時代的背景を述べておこう。日本でも1980年代は欧米を中心とするフェミニズムの紹介が活発化し、ジェンダー視点の重要性が提起されるようになった。[1]とりわけジェンダー視点は、男女の関係性、とりわけ権力をめぐる関係性を提起するものであり、この視点の紹介と導入は多くの分野の研究に刺激を与えていった。私もこうした点に大いに学び、現状分析にどのようにこの視点を生かしていくことができるのかを真剣に考えるきっかけを得た。そのさい、日本では1990年代初頭にあってもなお、多くの議論がいまだ実証性を必ずしもともなっていないセオレティカル・エッセイであったことに鑑みて、ここから脱して現実にメスを入れる実証研究を遂行することが重要な課題となると考えた。そのためには既存の研究領域にジェンダー視点を導入することによって、これまで見えなかったものをどのように浮かびあげることができるのかを提示することによってこそ、既存研究にジェンダー視点が大きなインパクトをもたらすことになるだろう。そのように考えて、これをいかに遂行することができるのか考えていくことが課題として設定された。私にとってはそれは、端的にいって、労働研究の分野にジェンダー視点をもち込んでの調査研究を遂行するという課題であった。もともとは家族と企業社会

との関係について関心をもっており、1980年代はトヨタ労働者の労働と家族との関連構造を問う研究に従事していたが、[2]労働にかかわる実証研究自体を正面からくぐり抜けることによって、ジェンダー視点をより研ぎ澄ませたかたちで彫琢する必要があると痛感していたことも、このジャンルに向かわせる動機となった。1990年代初頭から、小売業の調査研究に入り込むところとなった。

(2) 労働研究におけるジェンダー分析：その困難

　日本における労働研究にジェンダー視点を盛り込んでいくことは、1990年代初頭においてはいくつかの点で困難につきまとわれていた。まず、いわゆる「労働研究」と称される研究は長い間、女性を視野のうちにとりこまず、男性だけを研究の対象としてきており、事実上、男性労働研究となっていた。当然にもそこにはジェンダーの視点は不在であった。これに対して女性労働研究は、特に1980年代のマルクス主義フェミニズムの導入以来、ジェンダーの視点をとりこもうとしてきたが、[3]いくつかの克服すべき問題をなおかかえていた。少なくとも1980年代および1990年代半ば頃までは、第一に理論志向が強く、現実の労働関係の分析にほとんど関心が寄せられることはなかった。第二に、実証研究の場合にも、マクロな統計データの解析にとどまる傾向が強く、労働市場における男女の配置に関する大きな鳥瞰図を描いてみせるのみであった。第三に現実の労働実態に分け入ることをしないため、労働組織内部でジェンダー関係がいかに形成され、また再形成されるのか、そうした変動過程にどのような要因がかかわっているのかといった変動メカニズムを分析するという問題に関心が払われることはなかった。

　最後に最も大きな問題点として、方法上の難点があった。特に、女性の家事・育児役割に規定された労働市場参入上の「特殊性」を重視し、その延長線上で女性の雇用労働の位置づけを「解釈」するという方法的立場をとってきたからである。労働市場における女性の地位や役割を家族内性別分業と直結させるような解釈（たとえば、女性は家事・育児責任ゆえに高度の熟練性を要する職種や地位を得ることができず、単純労働、低賃金にとどまらざるをえないといった解釈）をくりかえし行ってきた。こうした方法に対して批判的含意を込めて、「家族内性

別分業決定論」と名づけることにした。現実の労働過程は、それほど単純ではないことは、あらためていうまでもないであろう。そこにはさまざまなアクターが介在し、ジェンダー間の職務分離状態が複雑なかたちでつくられており、またそれは流動してもいる。歴史的には技術革新の大きなエポックにおいて、かつて「男性職」だったものが「女性職」に移りかわっていくといった変動がさまざまな労働分野で生じている。なぜかつての男性職が女性職となったのか、男性職から女性職に転じるとともに低賃金になったのはなぜなのか、新たにできあがった男性職に女性の参入が許されない理由はどこにあるのか、労働現場の人々はこうした変動過程をどのように受容していったのかといった現実的メカニズムの複雑性に対して、家族内性別分業決定論が説明力をもちえないのは明らかであろう。[4]

　こうして、女性を一括して「産む性」と位置づけ、家族内性別役割の延長線上で労働過程における女性の位置づけを解釈するという方法的スタンスに対して、1990年代初頭にあってもなお異議申し立てがなされなかった点は看過することはできない。女性内部の差異性に目が向けられないままであったことになるからである。女性内部の差異性を導く最も大きな契機が労働との結びつき方であることが十分に認識されることなく、働くことからの「総撤退」を論ずるような観念的な議論も生まれていた（小倉・大橋 1991）。フェミニズムにたつ議論も労働の扱いにおいて、「労働こそ全ての価値の源泉」とする「労働神話」にのっとって、働き続け経済的自立を遂げることこそが女性解放だという議論のいかがわしさに目を向けようとするあまり（江原 1990）、現実の労働のあり方に研究のメスを入れること自体を軽視する傾向がみられた。そして女性労働の分野では、ともするとアンペイド・ワークへと議論が傾斜していく傾向に陥っていた。アンペイド・ワークに関する議論はそれ自体重要な論点を含むものではあるが、女性解放の図式を一挙に論じようとするあまり、現実のペイド・ワークにたちむかう研究の契機を欠落させるような議論に終始していたきらいがあった。[5]

　研究者がそのようなスタンスを自問自答しないまま、不問に付すことができたのは、実際の女性労働の現場で、見るべき変化・変革が存在しなかったこともかかわっていたということができるかもしれない。1986年の男女雇用機会均等法施行後も、多くの期待を集めた総合職女性が早期に退職していく点が取りざたさ

れ、企業レベルでの変革推進力がきわめて希薄であるという現実がマスコミで大きくとりあげられつづけてきた。日本企業の、女性人材をまともに育成しようとしないコンサーバティブな体質によって、労働の現場は旧態依然とした性別分離状態をなしており、そこに分けいって切りこんでいく調査研究によって、新たな問題を発見していこうとする機運が広がらなかったということができるかもしれない。

(3) 方法としてのジェンダー

　ジェンダー視点のもつ大きな衝撃力は、これが、ジェンダー間の権力関係を明るみに出そうとする方法である点に求めることができる。ジェンダーの視点とはいうまでもなく女性を組み込むだけのことではないし、また男女別にまんべんなく記述すればすむというような話ではない。たえず生成するジェンダー間の権力関係に光をあて、そのあり方が時代、社会、文化等の多様な組み合わせをいかに体現しているのか、特定の男性／女性規範が正当化され、個々人の差異や多様性が隠される影で、どのような交渉、駆け引き、抵抗があるのか、その変容可能性は一体どこにあるのかを問うところにその醍醐味がある。それは歴史学者ジョーン・スコットの『ジェンダーと歴史学』(Scott 1988＝1992) や社会学者ロバート・コンネルの『ジェンダーと権力』(Connel 1987＝1993) が提起してやまない論点であり、こうした重要な文献の訳業が1990年代の初頭にあいついでなされたことは、日本での研究を牽引する上で重要な役割を果たしたと思われる。ここでジェンダー視点一般について詳述のいとまはないが、労働研究へのジェンダー視点の導入という点では、イギリスの労働社会学者ヴェロニカ・ビーチの問題提起を避けて通ることはできない。

　上記の重要文献とほぼ同じ時点で翻訳されたビーチの書物 (Beechey 1987＝1993) は、多くのことを教えている。まずこの本自体、著者が1977年から書きためてきた論文集であることから、1970年代のイギリスの家事労働論争にも参入していたビーチが、この論争をみずから批判的に総括し、雇用労働の現実分析に向かうべきであると考えるにいたった経緯をたどることができる。またとりわけ「女性雇用の何がそんなに特殊なのか」と題した第5章では、1970年代後半から1980

年代初頭にかけてイギリスで発表された女性雇用に関するフェミニストの研究の中心が、特定の産業や職業や職場における事例研究になってきていることを評価しつつも、理論と方法上の問題点を鋭く指摘している。批判の最大の焦点は、女性労働者のおかれた状況を、「女性労働力は家族責任をもっているがゆえに男性のそれとは異なるという事実」から全面的に説明しようとする点におかれている。男性とは区別されたかたちでの女性の経験の「特異性」を当然の前提として受け入れるこうした方法的立場は、実は生産過程内部の性別分業の分析を「同義反復に近いものにして」おり、「生産過程それ自体の中での女性の職務と男性の職務の構造に、不十分な注意しか払わない」という点でまったく意味をなさないとする。

ビーチのこうした批判的な考察は、イギリスのフェミニストによる労働研究においても初期の段階では、私が日本の女性労働研究の方法に対して批判的な意味から名づけた「家族内性別分業決定論」を引きずっていたことを物語るものである。公私二元論を当然の前提とし、公的な領域を男性に、私的な領域を女性に結びつけるという支配的イデオロギーの無批判的な受容が、こうした方法的前提を許してきたのである。だがイギリスの研究動向をみるかぎりでは、その後、こうしたアプローチは急速に克服されている。残念ながら日本では、先にも述べたように、1990年代半ばになってもなお、こうした方法的前提のもつ問題性に無自覚でありつづけてきた。こうした提起をしたビーチは、男女双方をたえず視野に入れ、同一の枠組みで労働過程を分析すべきこと、また労働過程自体をジェンダー関係が形成され再形成される場としてとらえ、これ自体を分析すべきであるという重要な指摘をしている。こうした貴重な示唆を受けながら、日本を対象とする労働調査を通じて具体化することが私自身の研究課題として設定された。以下ではほぼ10年間にわたる調査研究のステージを三つに分けてその展開過程を整理し、調査を通じて切り出そうとする位相がいかに深化していったのかを整理してみたい。

2. 調査研究の展開過程：職務分析から労働組織分析へ

まず調査研究の対象として、小売業を選定した。顧客もマジョリティが女性か

らなっているこの業界では、女性労働への依存度が高いため、女性労働の多様なパターンが抽出できるのではないかと考えたからである。これまでの男性労働研究がもっぱら製造業を研究対象としつづけてきたことに鑑みて、経済のサービス化といわれて久しい時期にケーススタディの対象として開拓するにふさわしいのは小売業ではないかと考えたことも、この対象選定を導いた。

(1) 調査研究の第一ステージ：ジェンダー間の職務分離を手がかりとして

　はじめに1992年から百貨店A社を対象として選び、調査研究をスタートさせた。百貨店A社は、当該業界のなかでも女性活用の経験の蓄積があついという評価を得ていた。調査研究のスタートにあたっては、参照してきた英語圏の文献においてジェンダー視角からの労働分析に用いられている最もオーソドックスな切り口であるジェンダー間の職務分離から迫っていくことにした。これについては日本の研究では、国勢調査を用いた職業群の分離状況を示すデータ分析（竹中　1989）のみであって、ケーススタディを通じての分析は存在しなかったので、まずそこから着手することにした。人事部を中心とする労働力配置の全体像に関するデータや労務管理の歴史と課題についてのインタビューを行いつつ、最終的には一つのショップの各階層の男女労働者に集中的にインタビュー調査を行うことによって、職務配分のあり方、主体の受けとめ方を把握し、制度・構造と主体のあり方とを連結させたかたちでの分析につとめた。

　そのなかで、「販売は女性、管理は男性」という著しく非対称なジェンダー間の職務分離状況を浮き彫りにすることができた。すなわち女性は販売と販売の付帯業務（レジ、用度、伝票整理、掃除等）という広がりのない職務を勤続年数が高まってもなお担いつづけており、「飽き」と「虚しさ」につきまとわれている。これに比して男性は変化に富む品出し、納品・返品作業、タイムサービス等を男性同士のチームワークを通じてこなし、こうした下積みの仕事を経てマネジメントの担い手になっていく。残業・休日出勤も女性に比してきわめて多く、女性からみた場合、「彼らは職場を背負って立っている」という女性正社員のコメントにみるように、職場のなかできわだって異質な存在である。人事部は、高卒・短大卒の女性労働者における有給休暇をフル活用しての大型レジャーの享受のあり

方をにらみつつ、彼女たちが昇進意欲に欠ける点、通路を一本隔てただけの隣の売り場への異動でさえも嫌がる態度をさして、「女性は仕事に対して特有の姿勢をもっている」とみていた。だが彼女たちが男性とはちがって、勤続しぬくつもりがないのは、男性とはまったく期待値が異なる職務配置、訓練のされ方のなかにはめこまれていたためである。飽き、退屈感が襲ってくる職務遂行のなかでコーナーカッティングをしながら時間をやり過ごしつつ、バブル経済下の影響も受けながら大型レジャーに没頭する姿がそこにあった。彼女たちが、ランク・アンド・ファイルの社員にとどまる限りでは賃金カーヴも大卒とは大きくかけ離れていくため、「退職への誘い」にはこと欠かないが、他方ではすでに晩婚化現象が大都市圏で顕在化しており、確たる将来見通しが描きがたいという問題をかかえていた。

　男性がこぞって一気にマネジメント層への階段を駆けあがっていくのとは対照的な女性の姿がある。これはどう考えてみても人事部が考えるように、女性が職場に入る前からもっていた結婚願望の強さによって女性労働者が「特有の姿勢」をもっていることだけでは説明がつかない。むしろ、きわめて厳格なジェンダー間の職務分離の結果とみるべきであろう。こうしたかたちでの職務がジェンダー間にきわめて不均衡に「偏在」していることを「過度のジェンダー化」と名づけ、女性正社員の意欲をそぐという意味での非効率的な職場状況を問題とした。[6]

　こうして職務配分を通じて男女および学歴別に相互に分離されつつ、同時に諸主体の意識の上でも相互に分離し合う姿を照射することができた。とりわけ若い女性正社員の派遣販売員[7]へのまなざしは大きな発見であった。雇用形態こそちがうものの、当該職場に10年以上勤続している派遣販売員と正社員とは仲間意識がうすいだけではなく、派遣販売員は世代差とライフヒストリーの違いのために、「異邦人」のように女性正社員からみられていたのである。24歳の女性正社員は、「離婚や夫の事業の失敗で、生活のために働いている人が多い。これを知ったときはショックだった。（自分たちとは）社会層がちがう人びと」だと語っていたのである。このことは、上からの分離線が男女、学歴、雇用形態、勤続年数の違いにもとづく職務配分のあり方によって引かれているが、労働者諸階層の内部でも相互に分離線が明瞭なかたちで引かれていることを示すものである。職場内部には分離線が、上からも下からも、多層的に引かれているのであり、相互に分離し

特集　労働調査を考える

合っているというのが現実の職場の姿であった。

　第一ステージにおける幾重にも折り重なった分離線の発見は、総合スーパーの店舗労働をもう一つの小売業の事例として調査していくうちに、さらに労働組織分析へと導くことになった。職場の労働関係は、ジェンダー、学歴、雇用形態、勤続年数に応じた上からの職務配分と昇進管理を基軸として形成されているが、より複雑な姿があぶり出されていったからである。このことを通じて、企業組織が利潤追求を目的としているとしても、人と人とが織りなす労働組織内関係はそれだけでは説明しきれないような実態をともなっているのではないかと考えるようになった。この考えは、総合スーパー調査の初期の段階でより明瞭なものとなっていった。

(2) 調査研究の第二ステージ：労働組織のジェンダー分析へ

　総合スーパーを調査対象として選んだのは、1970年代初頭には百貨店を抜いて、小売業界ですでに首位に躍りでていたからである。なかでも、「女性活用」政策を1990年代半ば頃から積極的に推進していた総合スーパーX社をケーススタディの対象として選んだ。[8]

　地方中核都市に立地するA店の労働者諸階層のインタビューからみえてきたのは、店舗内を二分する分離線の存在であった。これはA店の店長が「ダイレクト・コミュニケーション」と称して、みずから店舗内巡回中に気づいたことを、職務命令系統を無視し、一般職正社員とパートに対してじかに指示出しをするという行為に対してのコメントのなかからみてとることができた。店長の下にいる課長クラス、およびその下の主任クラスの人びとは、店長のそうした行為が、あるセクションの課長の力不足を補おうとする意図からであることを理解し、概して好感が寄せられた。これに対して、店舗の最末端に位置づく一般職正社員やパートは、いずれも既婚女性がマジョリティを占めるのだが、彼女たちはこぞって反発を示した。「現場や商品のことをわかっていないのに」、思いつきで「くだらないことをいいにくる」など、指示出しされて迷惑だという反応である。たとえば生鮮食品売り場のパートは、春菊の品質が悪いからバックヤードに下げるように命令されたが、勤続6年のキャリアを有する彼女には、まったく納得がいかない命

令だった。そこで彼女がとったのは、店長の目の前ではバックヤードにその商品を一度は下げたものの、店長がいなくなったのをみはからって、再び売り場に出したという。彼女は、「店長は商品の鮮度のことなど、まったくわからないのに」と反発をあらわにしていた。またこうしたパートと同質の反発を示した一般職正社員のほとんどは女性であり、他の店舗への異動のないコースを選び、したがってランク・アンド・ファイルにとどまっている人びとであるが、そのうちのひとり（勤続19年）は、店長の上記の行為への反発を語ると同時に、「この店を愛しているのはパートだ。主任などは3年で異動していく人たち。しかし自分やパートはずっとここで働いてきて、店に対する思いは深い」と断言する。

　異動の有無が店舗内で働く人びとを二分するものとして作用していることが知られよう。少なくとも一般職の女性とパートにとっては、この店舗のみが唯一の職場であり、愛着が深い。その分、入れかわり立ちかわり異動する人びとと自分たちとを差別化しようとする意識が強く働いている。主任以上の異動してゆく人びとの側は、彼女たちがそうした意識を強くもっていることを必ずしも知らないという点で、やはり決定的に異なる意識をもつ存在であるといえるだろう。のちに述べるように、X社では女性一般職を主任に抜擢する政策が1990年代に追求されたが、そのもとで主任になった人びとは、店舗の末端に位置する彼女たちの思いを知る唯一の存在である。そうではない主任以上の層と、一般職とパートとの間には、大きな分離線が引かれているのである。

　しかも主任以上が頻繁に異動をくりかえす店舗労働においては、異動しない一般職正社員とパートの力量によって、店舗の日常的な「基礎体力」が決まってくる。正社員の最末端を構成する一般職正社員ですら、むしろ心情的にはパートに寄りそうかたちでアイデンティティを形成しているのであれば、店長以下のマネジメントが、この分離線を乗りこえることはかなり困難とならざるをえない。総合スーパーX社の店舗をみる限り、異動するのは正社員中36.4％であり、うち全国規模での異動コースには65％がいる。これに対して、異動しない正社員は64.6％をも占めるマジョリティであり、ここにさらに、頭数では最も多いパートが加わることになる。こうしたまぎれもない多数派に対して、少数派であり、かつ頻繁な異動をくりかえす主任以上の人びとがマネジメント上の影響力を与えて

特集　労働調査を考える

いくのは容易なことではない。そこで、一般職正社員とパートが下から引く分離線を、「あの人たち」と「私たち」の分離線と呼ぶことにした。「やつら」と「おれたち」(内藤 1975) の女性バージョンとしての命名である。彼女たちの力量に基本的に依存している日々の労働体制にとって、この分離線を乗りこえるマネジメントによってこそ、店舗労働の効率性と質を高めることになる。その意味で、こうした分離線に気づいて意識的に働きかけているかどうかが、マネジメントの担い手にとって決定的に重要であると思われる。

　他方、「私たち」の側は、同じ店舗に長らく勤めて仕事に精通しているという誇りと店舗への愛着心において強固なアイデンティティをもっており、これが時として、強い反抗を引きおこすことがある。A店では過去に、着任早々からパートをどなってばかりいる男性主任に対して、パートがいっせいに口をきかないという抵抗を示したことがある。この主任は、数ヶ月でこの店舗から異動を余儀なくされたが、それは、パート全員とのコミュニケーションがとれなければ、主任としての職務がまっとうできないからである。パートは店舗内で、最も権力的地位から遠い存在であるが、それでも主任を異動させることに結果としてつながる反抗をもなしうるという点、銘記すべきだろう。

　このインタビュー調査を通じて、労働組織の内的構造をジェンダー視角から解析する必要性を痛感した。労働組織にあっては、組織内の構成メンバーがそれぞれの地位に応じて、保有する権力量の差異に応じて、上からのマネジメント方針や意思伝達にさいして、応答し交渉するという行為を行っている。個人的、あるいは集団的抵抗というかたちで、上からの意思に逆らうということも現に生じている。組織の最末端にいるパートの集団的抵抗も、主任を異動させるような力をみごとに発揮しうるのである。もちろん彼女たちはやみくもに反抗しているのではない。店舗異動をくりかえす「あの人たち」が、彼女たちの仕事を軽視したり、やる気に水をさし、誇りを傷つけるような言動に接すると激しく反発し、抵抗するのである。また、春菊取り下げ命令のように、たとえ店長命令であっても内容的に納得できなければ、一度は従ったふりをするが最終的には無視をすることもある。

　労働組織のジェンダー分析にとって重要なのは、労働は労働組織のなかに埋め

込まれており、組織という具体的コンテクストへの理解がなければならないという点にある。またハイアラーキー構造からなる組織体には、保有する資源、権力において差異があるアクターがおり、それぞれのポジションから相互に関わり合っている点である。その相互行為を通じてジェンダー間の職務分離過程が展開し、また、これの変容を導いてもいる。組織においてフォーマルなルールが運用されるのは、上から下に向かっての打診、伝達、説得が行われ、それぞれの組織内地位にたつ諸アクターがこれに応答し、交渉し、場合によってはやりすごし、無視、さらには反論、批判という挙にもでる。上述した店長による春菊取り下げ命令を無視したパートは、「もう一度店長が来て同じこといってきたら、もう一度バックヤードに下げるけど、また売り場に出していたと思う」としていた。こうした労働組織内の応答―交渉関係に着目し、その動態的把握によってこそ、生きもののようにうごめく組織内関係を浮かびあげ、そこでのジェンダーの織り込まれ方を明らかにすることができるのではないかと考えるにいたった。[10]

(3) 第二ステージから第三ステージへの媒介としての労働文化への着目

　こうした労働組織分析のなかから、後述する第三段階としての労働組織の変容過程分析へと進んでいく上で、「組織文化」が重要な分析領域として浮上してくることになった。組織文化について説明する前に、上記の労働組織のジェンダー分析に関する研究領域について、研究史上、どのような位置にあるのかをみておこう。日本に関するこのジャンルの実証的研究の端緒は、ホーン川嶋瑤子(1995)と木本喜美子(1995a)によって拓かれたということができるが、英語圏でみる限りでは、早くも1980年代からの蓄積がある。アン・ウィッツの1997年の研究史総括によれば、生産と労働の構造的側面にシフトした研究からしだいに文化やアイデンティティに関心がおかれるようになり、労働組織内での労働体験にいかにジェンダーとセクシュアリティが埋め込まれているのかという点の解明へと関心が移っていったという。換言すれば、かつてのフェミニストの労働分析が労働市場の分析に重きをおき、ジェンダー分離のマクロレベルにおけるパターン化やこれらのパターンの構造主義的説明が軸となってきたが、新たなチャレンジが、労働とアイデンティティのジェンダー化にみるミクロな過程を焦点化しようとする

方向で、1990年代に追求されるようになった（Witz 1997）。またマッツ・アルヴェッソンらによれば、組織論研究を本格的に取りこんでの展開は1990年代半ばからであるという（Alvesson & Billing 1997）。労働組織とジェンダー分析に関する研究の到達点を知る上で参考になる文献が、その後あいついで刊行されている点をみても（Halford & Leonard, 2001; Wilson 2001）、1980年代に胚胎した問題意識は、1990年代半ば以降確実に定着し深められたことをみてとることができるだろう。

　こうした研究において組織文化は重要な意味をもっている。ハルフォードらは、従来の組織文化概念を検討し、たえまなく構築と再構築をつづけるプロセスが組織内メンバーの社会的相互作用を通じて出現するものと規定した。私がとりわけ学ぶべきだと考えたのは、組織内の諸個人がその多様性にもとづいて組織文化を解釈し、それへの関わり方や抵抗の仕方、そしてこれを変形させようとするやり方もさまざまであるととらえた点である（Halford & Leonard, 2001）。ここに、組織文化が流動化する根拠があると考えられるからである。組織文化の流動化過程は次のようにみることができるだろう。

　まず、組織内の「信念」体系が特定のジェンダー・ステレオタイプの優位性、もしくは「自然」性を説明し解釈しつづけている。組織メンバーはそこから自由ではない。彼らの信念や態度、そして価値観も組織における信念体系としての組織文化の影響下におかれる。男性が多数派を構成する「男性職」が組織のなかで活気に満ちた領域であり、「女性職」はそうではないということがくりかえし経験されていくうちに、男性こそが職場の活力の源であるという認識が組織メンバーに共有されるところとなる。組織のなかでそれぞれのジェンダーがどのようにふるまうことが正しく適切であるのかは、労働組織のフォーマルなルールには必ずしも明記されてはおらず、むしろ組織のなかに織り込まれている文化を通じて組織メンバーが受容すると考えなければならない。

　このように組織文化とは、組織内で共有されている意味、考え、価値や信念といいかえることができる。ただしこれは単に、組織メンバーを統合するために上から一方的につくりだされるものではない。上からの動きに対して、先に述べたようなさまざまな立場の組織内メンバー間の相互作用や交渉過程を経て、これは姿をあらわすとみなければならない。諸個人は、組織の住人である以上は組織文

化から決定的な影響を受け、そこでの労働体験がこれに規定されることになる。だが同時に諸個人は組織文化と同化しえないとき、これと距離をとり、あるいはときとしてこれに反発し対峙し抵抗することがある。諸個人が組織内で占める位置、その利害関心のちがいにもとづいて、組織文化をめぐる争いが生じる余地があるのである。歴史的に構築されてきた組織文化は、一方では揺るぎないものとして独特のカラーを組織に与える役割を果たす。だが他方では、異質な価値観をもつ諸個人が既存の文化に染まることなく主流の組織文化と交渉を企てるために、ひとたび構築された組織文化も、新たに再構築される可能性をもっている。ただし、この場合、権力的資源の乏しい人びとが与える影響力が決して大きくないことはいうまでもない。だが、さまざまな機会をとらえての、既存の組織文化に対する個人的、あるいは組織的挑戦の余地があることをみておく必要があるだろう。組織文化は、このような意味での「スペース」として解することができると思われる。

現実の労働組織において、どのように組織文化におけるジェンダー関係の変容が体験されるだろうか。私の関心は、ジェンダー関係をめぐる組織文化の変容過程を摘出することに向けられるようになった。

(4) 調査研究の第三ステージ：労働組織の変容過程分析へ

こうした労働組織におけるジェンダー関係の変容過程をおさえていくうえで、総合スーパーＸ社はかっこうの調査対象であった。というのも、ここでは1990年代から「女性活用」政策が推進されていたからである。1990年代半ばには、店舗の末端職制である主任への女性登用が推進され、1999年には女性主任比率は40％に達していた。10年前にはゼロであった女性主任づくりが急速に進展したのである。同年に女性課長は4.5％、女性店長にいたっては3.2％にとどまっていたが、これはトップマネジメントの「女性活用」政策を受けて、課長以上の職制への女性登用が徐々に進んできた結果を反映した数値であった。とりわけ1990年代半ば過ぎまではゼロだった女性店長は、「女性店長づくり」を掲げるトップマネジメントの強力な主導のもと、各支社でつぎつぎにつくられていき、1990年代後半までに9名の女性店長が出現した。同社の労働組合もこれに呼応するか

たちで、女性店長にフォーカスした座談会を企画するなどした。また男女共同参画社会基本法（1999年）へといたる国家施策の動向とこれを支える時代の空気は、X社のこのポリシーとかなうものであり、これも追い風として作用した。

　とはいえこの女性店長づくりは、決して容易ではない課題であった。X社に深く根づいていた「男性中心主義」という組織文化へのまっこうからの挑戦だったからである。この組織文化の基本は、店舗のスクラップ・アンド・ビルドに対応して頻繁に、しかも大規模に生じる社員の異動にさいして、X社では、男性社員のみを異動に耐えうる人材であり、したがって将来の幹部候補生ととらえてきた。人事管理システムが男性中心主義にのっとって運用されてきたのである。長期勤続の女性正社員は、特定の店舗の定型的な業務に、したがって低い資格に釘づけされ、前述した「私たち」の一角を占めてきた。「有能である」と認定された女性正社員は店舗から抜かれ、本社あるいは支社のオフィスワークを中心とする業務に位置づけられてきたが、この人びとは店舗経験が脆弱であるため、店長職のマネジメントの担い手候補としては、本人たちはもとより、周囲からもまったく認められていなかった。男性にとっては店長になること自体、さらにその上をめざすための登竜門でもあった。こうした男性中心主義の人事管理システムのもとでは、はりきって入社した女性も、女性を男性と同等に育成しようとする姿勢がない男性上司の心ない言動にふりまわされ、経年にともなって意欲がそがれていかざるをえない。したがって、トップマネジメントによる「女性店長づくり」に対しての男性店長の反応は冷ややかなものであって、「どうせお飾りだ」「すぐにつぶれるさ」とさかんにささやかれていた。

　だが女性店長はかんたんにつぶれることはなく、前向きな実践を展開していった。9人の人びとは、二つのキャリアパターンに分けることができる。一つは「女性店長」とあらためていうまでもなく、やがては自力で店長になっていったであろう人びとである。彼女たちは、店長職にのぼることを目標におきながら、なるべく店舗経験からはずされないように、ことあるごとに店舗希望の意思表示を出しつづけてきた。これに対して、店舗経験が希薄なまま店長職に抜擢されていた人びともいた。新入社員時代の数年間のみの店舗経験ののち、商品部や人事部等に長く携わってきた人びとである。この後者のキャリアを踏んできた人びとは、

店長抜擢が告げられたさい、まさしく青天の霹靂とばかりに驚き、うろたえながらも、最終的には「失敗したら退職するまでだ」という覚悟でのぞんだ。この二つの異なるキャリアパターンを有する人びとが、「つぶれる」ことなく良好な成績を示しえた秘訣は、「私たち」に働きかけた点にある。両者は相互に異なる論理にもとづきながらも、共通して「私たち」の分離線を乗りこえようとしたのである。

まず前者は、意欲をそがれがちな男性中心主義の職場文化に反発し、これには同化しないかたちのマネジメントを求めつづけてきた人びとであった。彼女たちは既存のマネジメントが「高圧的」な怒鳴りつけるタイプのマネジメントに傾いていることに批判的であり、意識的にマネジメントのオルタナティブを求めようとした。部下とのコミュニケーションを密にとれるようにし、また店舗巡回中にも「パートがボソボソ言っている主任への不満にも耳を傾ける」というアプローチを意識的にとったのである。また、店舗経験やマネジメント能力を培う点で十分ではないキャリアパターンを歩んできたと考えざるをえなかった後者の人びとは、「女性だから店長に抜擢された」ことを自覚し、「どこまでもアマチュアでやろうと開き直り」「現場の痛み、パートの痛み」に耳を傾けようとした。また自身がもつ唯一の資源は女性であることにあると自覚し、「同性の一般職正社員やパートが声をかけやすいはずだ」と開き直り、「私たち」に教えてもらうというスタンスを貫いた。いずれも、「私たち」に働きかけ、「私たち」とのコミュニケーションを重視するアプローチだったのである。女性店長たちは、組織内の主流のマネジメントのオルタナティブを構築する努力をしてきたということができるだろう。

女性店長のこうした前向きな実践のあとを追いかけるようにして、全国的に女性店長インタビューを重ねることができたことは、得がたい体験であった。このイシューをめぐってうごめいていく組織のあり方を体感することができたからである。もちろんヴェロニカ・ビーチの指摘に学んで、男女店長を必ず同数、インタビューすることに心がけたことはいうまでもない。男性店長の少なくない人びとは眉をひそめつつ、トップマネジメントの女性店長づくりがいかに困難であるかを語った。経験の不十分な女性を無理矢理店長に抜擢することにともなう周囲

の当惑ぶりや、さらには店長に指名された女性たち自身が不安をかかえながらやっているという話を口々に語っていた。そこでくりかえし聞かされたのは「どうせお飾りだ」「すぐにつぶれるさ」というフレーズだったのである。ところが当の女性店長にインタビューにいくと、笑顔一杯で私を迎えてくれ、多少の愚痴をこぼしつつもさまざまな工夫と努力を熱心に語ってくれた。なかには、「店長がこんなに楽しいものとは思わなかった」と語る女性店長もいた。「すぐにつぶれるさ」というまことしやかなコメントが、実は怪しいものであると知るところとなったのである。

　そうしたなかで男性店長の、女性店長に対する同情的であり、かつやや侮蔑的ともとれるコメントの風向きが若干変わってくる局面があらわれた。それは1990年代に店長になった9人の女性が1人もつぶれないどころか、かなり良好な成績を示していった点にある。しかも2000年の最優秀店長賞を女性店長の1人が獲得したことが、決定的なものとなった。これは、この女性店長のマネジメントの成果が数値としてみごとにあらわれた結果ではあるが、そこにはあきらかにトップマネジメントの意思が働いていたとみなければならない。つまり例年、必ずしも受賞者がいるとは限らない最優秀店長賞を女性店長に受賞させることで、実力さえあればX社が男女を問わず処遇するという意思を、とりわけ男性店長に見せつけたのである。そこにこめられた「女性を侮るな」というメッセージは、男性中心主義の組織文化への挑戦でもあった。

　こうしたかたちで女性店長が単にお飾りにはとどまることなく力を発揮していくと、周囲の言説に変化が生じるようになった。女性店長のがんばり方を「女のやり方」というステレオタイプに押し込める解釈が登場するようになったのである。たとえば男性店長同士の会話のなかに、「まるで女性店長のような店」という言葉が登場するようになった。新人店長は男女を問わず小規模店からスタートし、やがて大きな店舗のマネジメントを任されるようになるのだが、小規模店を舞台に頭角をあらわすようになった女性店長のアプローチが、きめ細かなコミュニケーションと顧客サービスが巧みな点にあるとする言説である。ここには、男性に比して女性は、コミュニケーションスキルやソフトなサービスをより得意とするかたちで社会化されるという信念を基礎に、そうした意味での女性性の発揮

が、店長マネジメントのレベルでも発揮されているはずと信じて疑わない姿がある。そして男性であってもきめ細かなマネジメントを心がけて成功したケースを、「まるで女性店長のような店」として、半ばからかうようになったのである。ここには大型店のマネジメントは、そのような女性型のマネジメントスタイルでは通用しないという意味合いが含まれており、女性がやれてもせいぜい小型店程度という線引き意識が強く込められている。

　また、女性店長のもとで働いたことがない20歳代の女性正社員(勤続5年半)は、直属の男性上司のマネジメントへの批判として「女性店長ならそんな叱り方はしない」と断言した。ここにもマネジメントにおけるジェンダー差があるはずだという信念に支えられた発想がみてとれよう。これは女性店長のあり方をポジティブに位置づけようとする発言であるとはいえ、ジェンダー差を過度に強調するきらいがある。前に述べたように女性店長は、キャリア差の相違にもとづいて異なる論理に導かれてではあるが、「私たち」への働きかけという同一のマネジメントスタイルをとった。これは一見すると女性型のマネジメントスタイルのようにみえるかもしれない。だが男性店長のなかにも、たとえば組合専従として長く従事してきたキャリアの持ち主が店長に抜擢された例もみられる。彼は店長としてのマネジメント能力や店舗経験の欠如を自認しながら、組合経験を通じて培ったコミュニケーション能力を生かして「私たち」と対話しようとした。どのようなマネジメントスタイルをとるのかは、ジェンダー差に由来するというよりも、大きくはキャリアパターンに規定されているとみなければならない。男性店長とほぼ同等のキャリアを培ってきた女性は、さまざまな局面で男性中心主義の壁にぶつかり、マネジメントのオルタナティブを真剣に追求した結果、ボトムアップ型のマネジメントをとっていった。既存のマネジメントスタイルは怒鳴りつけてでも数字を達成していくというものである。これはメインストリームを歩んで店長に昇格した男性が、男性上司から教わってきたものであり、またこれによる成功体験が拍車をかけていったのである。店長を目指してきた女性たちは、こうした既存のマネジメントスタイルから距離をとろうとしてきた。また、いきなり店長に抜擢され、マネジメント能力の不足を痛感する女性店長は、なけなしの資源、すなわち女性であるという資源を最大限に生かして、店舗の女性マジョリティで

ある「私たち」に教えてもらいながら前に進もうとした。同様に組合経験の長かった男性店長も、組合活動で培ったコミュニケーション能力を発揮して「私たち」に働きかけていった。

　どのようなキャリアパターンを歩み店長にいたったかが、マネジメントスタイルの選択に大きくかかわっている。だが多くの場合、「女性」「男性」というくくり方が習慣化しているため、女性店長の存在を認めるようにはなっても、あくまでも「女性型」としてくくることによって、「男性型」とは区別しようとする。男性店長の「まるで女性店長のような店」という言説には、女性店長の存在を周辺的なものに位置づけようとする気持ちが込められており、逆に、前述の「女性店長ならそんな叱り方はしない」はずだと考える若手女性正社員にとっては、「男性型」のオルタナティブとしての「女性型」への期待値が高いことが知られよう。

　こうしてみてくると、女性店長の予想外の力量発揮を目の当たりにした段階で、期待によるものであれ、周辺化を意図するものであれ、男性とは異なる女性性という本性、あるいは社会化過程での獲得物として、あくまでもジェンダー差にこだわりつづけようとする実践が日常的にくりかえされることに気づかざるをえない。ここに、ジェンダーを執拗に再生産しつづけるメカニズムをみいだすことができる。ジェンダー関係の変容を導くのは容易なことでないことが知られよう。だが10年、あるいは15年という単位でみたときには、確実に死滅した言説がある。1980年代には女性主任は不在であり、そのときまかり通っていたのは「女性に主任が務まるはずがない」という言説であった。これは1990年代半ばに女性主任の登用が進むなか、とうに死語と化した。また「女性に店長が務まるはずがない」も第一世代の女性店長の活躍によって、2000年を過ぎる頃には死語と化している。ジェンダーをめぐる日常的実践はたえず再生産されていくが、しかし一定の年限を経たのちには、古い言説は事実によって克服され、確実に死滅していっていることもまたたしかである。ジェンダー関係の変容過程を究明する際に、注意深い考察が求められるゆえんであると考える。

3. 結びにかえて

　ジェンダー視点の導入によってみえてくるものを整理することによって、結び

にかえたい。利潤追求をめざす合理性にのっとっているはずの労働組織にもジェンダー関係が織り込まれていること、男性中心主義の人事管理メカニズムが職務配分、キャリア管理、上司の日常的言動において貫かれていること、これ自体、効率性の観点からみたときに疑問視せざるをえないような硬直性を抱えていることなどが、ジェンダー視点の導入によって浮き彫りにすることができたと思われる。こうした人事管理のあり方を軸として醸成される組織文化が、男性の長時間労働をいとわない働き方を構築し、女性を周辺的な位置に拘束する。またジェンダー関係を軸とし、これに世代、学歴、勤続年数、雇用形態等の変数を入れ込んで分析すると、労働組織の内部で多層的な関係性が織りなす職場のリアルな動きを把握することが可能となる。利潤追求を旨とする上意下達を基本構造とする労働組織にあっても、それぞれのポジションにたつ組織内アクターが上からの打診、伝達や説得を受けとめつつ、これに応答し、交渉し、場合によってはやりすごし、無視もする。時として、集団的抵抗という挙にでることもある。こうした相互作用を通じて、現実の組織は動いているのである。

　このような組織の内的メカニズムにおいて変わりにくい基本構造が存在する。日本の労働組織が長らく慣行としてきた男性の長期雇用を中心軸に据えた労働慣行は、組織内外のさまざまな変動要因にさらされながらも、そしてそこからひきおこされる日常的な相互作用に流動性がみられても、くりかえし男性中心主義の組織文化を構築、再構築してきた。組織文化という領域は、組織内部の深層におけるうごめきやダイナミクスを読み解くうえで重要な分析対象となると思われる。だが総合スーパーX社が経験したような上からの男性中心主義への挑戦というジェンダー変革の実践は、男性中心主義を一挙に排除するというよりも、さまざまな人びとに波紋を広げ、種々のこれへのレスポンスを生みだしながら、組織内の男性性と女性性の読み替え作業を要求しつつある。現在のところ、「女性に店長が務まるわけがない」という言説を死滅させつつも、女性店長の実践を周辺化させるような解釈枠組みを生みだすことによって、女性店長を位置づけるべき落ち着きのよい場所を探求しているようにみえる。同時に、意欲的な若い世代の女性たちの、自分たちも上に上がっていけるかもしれないという期待感の高まりとともに、周囲のリアクションをみての新たな不安を呼びおこしつつある。上か

らのジェンダー変革の実践は、これに多様なかたちで反応し交渉する人びとに多くの波紋を広げつつ、落ち着きどころを探して流動している。しかしその影で同時に、あともどりしえない体験が着実に積み重ねられてもいる。

　以上は、組織内ジェンダー関係に関する限られた事例に関するケーススタディからの知見にすぎない。長い時間をかけたにもかかわらず、一般化するにはなお不十分な問題が多いと感じている。とりわけ本稿で分析したような労働組織のジェンダー分析が、これまでの日本の労働社会学が数多く扱ってきた製造業における分析にどのように用いられうるのかという点、吟味が必要だと思われる。小売業の特性に由来するものであるのか、他の業種にも適用可能なのかについて、検討する必要がある。また小売業内部でも、同業態の内部においても、企業のカラーごとにちがいがあることを踏まえ、組織内ジェンダー関係のもつヴァリエーションの規定要因をより探っていくことが求められている。

　そのさい、男女の組織経験の差異を押さえながら、ローカルなコンテクストの外部にある世界との関係性を重視することも不可欠の課題である。とりわけ企業間競争が激化し労働市場の規制緩和がはかられてくるなかで、グローバリゼーションの影響が組織内関係にいかに作用しているのかを見据えなければならない。小売業界に即していえば、ウォルマートの日本上陸が、業界全体の雇用慣行にどのように影響を与えていくのかを見定める必要がある。

　最後に重要な研究課題として挙げなくてはならないのは、組織内における男性性により迫るという課題である。10年近くにわたる小売業の研究を2003年にまとめるさい(木本：2003)、これまでの日本の企業の実践としていまだ稀なケースではあるが、今後より推進されるはずだと考えられる、トップマネジメントに牽引されての「女性活用」に焦点を合わせることにした。男女双方にインタビューを重ね、職場の実態をジェンダー視角から浮かびあがらせながら、最後の研究総括において女性労働を焦点化したのである。そのぶん、男性店長のマネジメントの性質をクローズアップする点が十分でなくなったきらいがあると感じている。今後は、男性中心主義の内部にメスを入れ、男性性、その複数性(Connel 1987)を切り出すという課題は、本稿2(3)で述べたような欧米での研究蓄積にもかかわらず、日本ではいまだ果たされていない重要な課題であると考えるからである。[11]

従来の女性の働き方の対極にあって、たえず長時間労働へと誘われる男性の昇進モデルとこれを促す人事管理システムがつくりだす男性性とそのセクシュアリティに焦点をおいての実証分析を進める必要がある。ワークライフバランスに注目が集まっている現在、先輩男性の働き方に展望を見いだせない若い世代の男性が、どのような矛盾をかかえているのかを究明することは、時宜にかなう研究テーマであるといえよう。

　労働研究のジェンダーに関するセンシビリティの欠如をのりこえることは今日においても重要であるが、同時にジェンダーに関する感受性の過剰というリスクを最小限に抑えつつ、現実の動きに即して労働の場における男性性/女性性の構築のされ方を調査研究を通じてとらえていくという課題を、今後ともより深めたかたちで追求していきたいと考える。

〔注〕
(1) その代表的なものとして、次の文献が挙げられよう。岩男須美子・原ひろ子 (1979)、女性学研究会編 (1981)、同編 (1984)、同編 (1984)、同編 (1986)、同編 .1987、小松満貴子 (1985)、江原由美子ほか (1989)。
(2) その成果は、木本喜美子 (1995a) 第Ⅲ部を参照されたい。
(3) そのもっとも重要な研究は、竹中恵美子 (1989) である。
(4) 従来の女性労働研究の批判的総括については、木本喜美子 (2003) 第1章を参照のこと。
(5) 欧米ではすでに1980年代には否定的に総括されていた1970年代の家事労働論争が、日本では1995年時点にあっても「いまだ終わっていない」(上野　1995) とされていた。女性労働を常に家事と結びつける発想、つまりは女性を主婦として一括して論じ、女性内部の差異性に注意を払わない方法的スタンスは、長い間研究者に無意識のうちに共有され、のちのヴェロニカ・ビーチにみるようなかたちで、この認識と方法自体に潜む方法的な問題に対して自覚的な視点が投入されるまでに多くの時間を要した。
(6) なお大卒女性は高卒・短大卒とはちがった状況におかれているが、これについては木本 (2003) 80-84頁を参照。
(7) 派遣販売員は、戦後の流通機構における百貨店業界の優位性が生み出したものであり、納入業者に雇われ、当該商品の専門知識をもつ販売員を取り引き先の百貨店に投入するものであり、長い歴史をもっている。詳細は木本 (2003) 84-85頁を参照。
(8) 以上について詳しくは、木本 (2003) 第3章を参照。
(9) 調査時点は1997年から2002年である。
(10) 以上について詳しくは木本 (2003) 第4章および第2章1を参照されたい。
(11) 以上については木本 (2003) 第5章を参照。

〔参考文献〕
Alvesson, Mats and Billing, Yvonne due 1997, *Understanding Gender and Organizations*, SAGE Publications.
Beechey, Veronica 1987, *Unequal Work*, Verso（高島道枝・安川悦子訳 1993、『現代フェミニズムと労働―女性労働と差別―』中央大学出版会）.
Connel, R.W. 1987, *Gender and Power: Society, the Person and Sexual Politics,* Polity Press（森重雄・菊池栄治・加藤隆雄・越智康詞訳 1993、『ジェンダーと権力―セクシュアリティの社会学―』三交社）.
江原由美子ほか 1989、『ジェンダーの社会学』新曜社.
江原由美子 1990、「フェミニストは『労働』がお好き？」『現代思想』第4巻18-4号.
Halford, Susan and Leonard, Pauline 2001, *Gender, Power and Organizations*, Palgrave.
ホーン川嶋瑤子 1995、「労働市場構造、企業組織・文化におけるジェンダー作用と女性労働」脇田晴子・ハンレー、S.B.『ジェンダーの日本史』下巻、東京大学出版会.
岩男須美子・原ひろ子 1979、『女性学ことはじめ』講談社.
女性学研究会編 1981、『講座女性学1：女のイメージ』勁草書房.
同上編 1984、『講座女性学2：女たちのいま』勁草書房.
―――― 1986、『講座女性学3：女は世界をかえる』勁草書房.
―――― 1987、『講座女性学4：女の目で見る』勁草書房.
木本喜美子 1995a、『家族・ジェンダー・企業社会』ミネルヴァ書房.
―――― 1995b、「性別職務分離と女性労働者―百貨店A社の職務分析から」『日本労働社会学会年報』第6号.
―――― 2003、『女性労働とマネジメント』勁草書房.
小松満貴子 1985、『私の女性学講義』ミネルヴァ書房.
女性学研究会編 1981、『女性学をつくる』勁草書房.
小倉利丸・大橋由香子編 1991、『働く／働かない／フェミニズム―家事労働と賃労働の呪縛?!』青弓社.
内藤則邦 1975、『イギリスの労働者階級』東洋経済新報社.
Scott, W. Joan 1988, *Gender and the Politics of History*, Columbia University Press（荻野美穂訳 1992、『ジェンダーと歴史学』平凡社）.
竹中恵美子 1989、『戦後女子労働史論』有斐閣.
上野千鶴子 1995、「『労働』概念のジェンダー化」脇田春子・ハンレー、S.B.編『ジェンダーの日本史』下巻、東京大学出版会.
Wilson, Elizabeth M. (ed.) 2001, *Organizational Behavior Reassessed: The Impact of Gender,* SAGE Publicaitons.
Witz, Anne 1997, "Women and Work", in Robinson, V. and Richardson, D. (eds.), *Introducing Women's Studies: Feminisit Theory and Practice,* (Second Edition), Macmillan, pp. 239-257.

投 稿 論 文

1 エフォート・バーゲンの転換：裁量労働制・
   成果主義労務管理制度導入の意味　　　　今井　順

エフォート・バーゲンの転換：裁量労働制・成果主義労務管理制度導入の意味

今井　順
（デュースブルグ・エッセン大学）

はじめに

　1990年代中盤以降、日本企業では特に大企業において、ホワイトカラー労働者を対象とした成果主義労務管理制度の導入が労務管理制度改革運動の中心的な方法としてもてはやされた。各種の調査でも極めて多くの企業が成果主義労務管理への移行の意欲を示し、労務管理専門誌は先端的な事例紹介であふれたと言ってよい[1]。成果主義労務管理の導入は、高い成果を上げた労働者と成果の上がらなかった労働者の賃金差を広げ、労働者にとってはより競争的な環境への移行を意味すると考えられた。

　成果主義労務管理制度と同様に導入の必要が叫ばれたのが裁量労働制であった。裁量労働制は労働時間法制のうち、1987年の労働基準法改定で新たに作られた「みなし労働時間制度」で、仕事を進めるにあたり比較的自己裁量の多いと考えられる職種や職務につく労働者を、通常の労働時間管理外におくことのできる制度である。この制度は限られた専門業務を対象にした当初の裁量労働制から、昨今議論されているホワイトカラー・エグゼンプションへとその姿を変えつつも、一貫して労働時間法制改革の大きな柱であり続けている。

　この二つの改革の流れは深く交わりながら、1990年代以降の労務管理制度の変化を特徴づけてきたと考えられる。成果主義労務管理制度の導入ブームが一段落し、改革がどのようなインパクトを持ったのかについては、実際に成果主義賃金制度が賃金差を広げたのか、成果主義にはどのような種類があるのか、という問いとして検証する作業が始まっている（Shibata 2002、石田 2006、立道・守島 2006、中村 2006など）。しかし、裁量労働制と成果主義労務管理制度の導入が

どのようにかかわり、また、これらの改革が職場の統制をどのように変えているかについては、まだ十分な議論があるとは言えない。本稿は、こうした改革が実行される複雑な社会的交渉過程をふまえ、職場の統制がどのように変質しつつあるのか、明らかにする一助となることを目的とする。

1. アプローチ

(1) 歴史的・社会的構築物としての「成果主義」

　成果主義は能力主義の一形態である。能力主義とは、それがどのような形であれ、労働者個人の能力を評価することにより、賃金・昇進決定を競争的に行うすべての制度を言う。それゆえこの時期盛んに喧伝された「成果主義」も、過去の制度と照らし合わせた場合に、より「成果」に軸足を移していると考えられる能力主義的労務管理制度の一つであるに過ぎない。こうした新しい制度やそれがもたらす職場の統制とは、これまでの制度の特性に強く影響されながらも、利害を有するすべての主体が、「能力」の定義やそれに基づきその都度新しく企画する労務管理の制度設計について、利用可能な資源と関連づけ、そして争った末に実現される社会的構築物である。冒頭、「成果主義労務管理制度の導入」を1990年代中盤以降に現われた「労務管理制度改革運動の中心的な方法」であったと表現したのは、それが労務管理制度における能力主義の変遷史、特に高度成長期から断続するその拡大をめぐる最も最近の集中的な社会的交渉過程であったことを強調するためである。

　職場統制を社会的交渉の視点から考察するというアイディア自体は新しいものではない。河西によって整理されているように、かつては労働経済学や産業社会学への対抗的な視点として設定されたし、現在も「支配・受容・変革」への着目として労働研究の主要な枠組みとなっている（河西　2001）。この視点は、特にいわゆる正社員の企業への人格的従属の実態を明らかにしてきたが、社会的交渉がどのような要素について行われているのかについて、それほど多くの関心を払ってきたとは言えない。そこで本稿では、職場の統制を雇用関係の主な構成要素とそれらの相互連関についての、様々なレベルでの社会交渉の産物として考察する視点を提示する。新しい統制関係がそれまでとのどのように異なるのか判断するため

エフォート・バーゲンの転換：裁量労働制・成果主義労務管理制度導入の意味

には、この交渉の歴史的軌跡を、利害を有する主体間の権力関係とともに整理し、新たに生起する現実の過去からの乖離の特徴を考察することが必要となる。

(2) エフォート・バーゲン

雇用関係には、契約・移動・統制（時間）の三つの構成要素がある。産業社会は雇用契約を中心的な社会関係とし、異なる種類の契約に対し異なる社会空間内の移動パターン・職場の統制関係（時間の編成）についての社会的了解を作り出している。この構成要素の一つ一つが交渉の対象であると同時に、その交渉はその他の要素の動向と無関係ではない（Imai 2006）。すなわち統制（時間）を理解するためには、契約と移動の側面を勘案する必要がある。またこの交渉にはいくつかのレベルがあり、具体的には社会・組織・職場の三つの交渉レベルを設定することができる。このような、複数の要素についての様々なレベルの交渉の総体をエフォート・バーゲンと呼び、それを通じて構築される、職場で発揮されるべき労働者の努力の強度や方向性についての一般的な理解が成立している状態を、エフォート・バーゲンの均衡状態と呼ぶ。

雇用関係の諸要素、社会的交渉の諸レベルについて、より細かく確認しておくことが必要だろう。統制の側面が「時間」と併記されているのは、産業社会への移行がそもそも労働者を工場で何時間働かせるかという統制の問題として始まった事情から、二つの関連が極めて根本的なものであることを示すためである（Thompson 1993）。この側面は、指示・評価・規律といった活動からなり（Edwards 1979）、それぞれ、指示・命令関係の確立、望ましい成果の定義の提示、それらに示される権威関係や価値体系の内面化を通じて、労働者の努力を一定の方向に向けて発揮させる。これらの統制の方法と文化は、常に調整・交渉の圧力にさらされているが、その際に契約や移動の側面とのかかわりを無視することはできない。努力の程度は契約期間や賃金といった契約条件や、配置・昇進の見通しといった移動の条件に見合うものとなる。発揮される努力の程度とその他側面とのバランスは、相互に関連し特徴的な公平観を構築しながら推移する複雑な交渉過程となっている。

社会レベルの交渉はナショナルセンター・クラスの労使関係に代表され、諸労

働法制が企業・労働組合・労働者個人に、最も根本的な行動枠組みを提示する。組織レベルも労使関係がこの交渉を代表し、労務管理の具体的施策などに反映される。そして職場のレベルでは、日々の労働を行う中で統制の文化が（再）生産・調整されている。これまでの研究は社会・組織レベルでは労使関係論として（小池 1977、兵藤 1997 など）、もう一方で労働過程論に基づく職場レベルの実地調査が大きな成果を上げてきた（吉田 1993、大野 1997, 1998 など）。しかし本稿では、これらのレベルがそれぞれパラレルに展開し、時に相互に関連を持ちながら、全体としてエフォート・バーゲンの社会的交渉を構成している点を強調する。エフォート・バーゲンの実態は、こうした諸側面・諸レベルへの広がりに注視することによって、具体的・動態的に把握することが可能になる。[6]

(3)「象徴的努力」：日本的経営におけるエフォート・バーゲンの均衡

ホワイトカラー労働者の統制に対する成果主義労務管理制度と裁量労働制の影響を考察するにあたり、成果主義以前の統制と、それに対する労働時間規制の役割を確認しておくことが重要である。日本企業における職場の統制と労働時間規制の関係については、重要な例外を除き（森岡 1995 や Smith 1988）、それほど多くの議論があるわけではない。しかし、職場の統制についてのこれまでの知見は、比較的緩やかな労働時間規制と労務管理における経営権の確立に伴って、特徴ある統制や労働時間慣行が形成されてきたことを示している。以下に、契約・移動の側面とのかかわりに触れながら、概観する。

日本企業においてホワイトカラー正社員は、職務記述に基づかずに採用され、長期の雇用保障を前提に良き組織メンバーとなることが期待されてきた（Dore 1997）。賃金制度もライフステージにあわせて必要な生活費が保障されるように設計され、春闘の制度化により年ごと成長の再配分を受けてきた。こうした長期雇用やライフステージ調整給の制度化と引き換えに、労務管理の分野には強力な経営権が確立されていった（熊沢 1997、Gordon 1993）。それゆえ、配属・配置換え・転勤は経営側によって決定されたし、昇給・昇進昇格を決定する人事評価制度も経営権の下で運営された。この傾向は、オイルショックや円高不況を通じて、より徹底されたと言ってよい。出向・転籍は人減らしの含意を深めていったし（稲

上 2003)、職能資格給の成立は、労務管理制度内に徐々に競争の要素を広げる試みであった (熊沢 1997)。

こうした労務管理制度の発展は、独特の能力観に基づく職場の統制を作り出した。この独特の能力について、熊沢は、新たな環境変化や組織の必要によって与えられた職務に速やかに適応する能力——いわゆる「フレキシブルな能力」(熊沢 1997)——が強く求められているとしたし、Gordonは、経営側の利害に自分の利害を従属させる態度——「コーポレート・シティズンシップ」(Gordon 1985)——を持つことこそが良き組織メンバーの条件であると主張した。このような能力観ゆえに、人事評価制度も職務記述には基づかず、労働者の組織人としての「潜在能力」や、特に「態度」といった主観的要素に強調点を置く制度として発展した (熊沢 1998〔1989〕、遠藤 1999)。

長時間労働を厭わない姿勢が、労働者としての高い意欲・好ましい態度を示す指標と考えられている可能性については、これまでも多く指摘されてきた (森岡 1995、熊沢 1998〔1989〕など)。この関連について Ota は、比較的主観的で長期の選別にかかわる人事評価のプレッシャーが、労働者を自分がグループの一部として適応しており、その上でグループの優れたメンバーであることを示す必要に迫られていると論じている。特に彼は、労働者は組織に対する献身を証明する努力に駆り立てられており、それが長時間労働として示される傾向を指摘した (Ota 1995)。ここに示された労働者の意味世界は、森岡(1995)などに紹介されている、「同僚との付き合いが大事だ」「勤務評価に影響する」「上司が残っていると帰りづらい」(森岡 1995：181)から職場に残ろうとする労働者の意識と適合的である。長時間労働を厭わないことを高く評価する意味世界において長時間労働は、実際の仕事の多寡にかかわらず、望ましい労働者の態度を象徴する。それゆえ、このような努力のあり方——当時の職場統制を反映した労働者の実践——を、Otaに倣い「象徴的努力」(symbolic effort) と呼ぶこととする。

「象徴的努力」とは、これまでのエフォート・バーゲンの均衡点を労働時間の側面から見た姿である。比較的緩やかな労働時間規制が、こうした意味世界の成立を後押ししてきた。そもそも雇用労働分野における規制は、労務管理に関しては労使自治の原則を重視したし、労働時間に関しても、36協定は個別企業におけ

る労使関係の実質的決定を認めている（Schwartz 1998, 萬井・脇田・伍賀 2001）。コストカットの手段としての時間外労働カットという発想はこうした規制のあり方に支えられているし、あまりにも長い労働時間や過労死が社会問題化した場合でも、労働省（現厚生労働省）は企業に病気休暇などを取り易い職場文化を作るように促す以上のことはしてこなかった（森岡 1995）。「象徴的努力」はこうした制度的環境下に成立したエフォート・バーゲンの一時的均衡であり、1990年代以降の改革は、当然この均衡を変化の圧力の下にさらしている。

2. 調査について

こうした変化を理解するには、社会・組織・職場のレベルを縦断する視点が必要であり、本稿のための調査もそれぞれのレベルで行われた。まず、裁量労働制については主に企画業務型裁量労働制に着目し、設立された制度の性格を明らかにするために政治過程の考察を行った。そのために、審議会・国会の議事録やその他公文書の収集のほか、審議会委員・規制改革委員会委員・国会議員・労働官僚などあわせて9人に対してインタビューを行った。

続く成果主義労務管理制度の導入と裁量労働制導入のかかわりについての議論は、大手電気機器メーカーC社の事例研究に基づく。C社における調査は、1995年から1996年に総合的な調査[10]として、2002年には労務管理制度の変化について的を絞ったフォローアップ調査[11]として行われた。最初の調査は労務管理制度を含む組織の総合的調査で、経営者・人事担当者・労働組合専従者ほか、以下で紹介する一部署全員のインタビューや、組織戦略に関連する文書・人事評価票など多くの資料を収集した。2002年の調査では、労務管理制度の変遷、現在の問題点などを明らかにするために、人事担当者・労働組合専従者・多数派組合への批判派グループに対するインタビューを中心に、資料の収集を行った。

それゆえ本稿の議論には、特に事例研究を採用した後半部分について、調査方法に起因する限界があることを指摘しておきたい。すなわち、結論として示される趨勢がそのまま1990年代以降の変化を代表するものとはなりえない。採用したケースは電気機器産業に属している大企業であり、また詳細なインタビューなどを行った労働者たちも、ほとんどが大卒以上の学歴を持つホワイトカラー労働

者であり、そのうちの半数はエンジニアであった。それゆえ、本稿の分析が目指すものはあくまでも変化の方向性についての一つの事例の提示である。[12]

3. 裁量労働制：賃金と労働時間の脱連結

現在裁量労働制には、現在専門業務型裁量労働制と企画業務型裁量労働制の二種類がある。最初の裁量労働制である専門業務型裁量労働制は、国際的な圧力にさらされていた日本の長時間労働を短縮する目的で、1987年の労働基準法改定時に設立された。1987年の労働基準法改正では、週40時間労働への漸次的移行や、変形労働時間制・フレックスタイム制といった所定内労働時間の弾力的運用を可能にする制度が設立された。それらと比べると、裁量労働制は賃金と労働時間の関係を脱連結（de-coupling）することに制度の中心的特徴があり、性質が異なっている。このような新しい制度が必要とされた背景には、仕事のあり方そのものの変化――すなわち技術発展とサービス経済化により、通常の指揮命令系統になじまない裁量の必要な職種が増えた――という認識の高まりがあった。それゆえその対象も当初から研究開発・編集報道・情報システム開発などに限定され、その後の制度拡大も、社会的に高度な資格と認定される公認会計士・弁護士・不動産鑑定士などを指定するにとどまってきた。

(1) 企画業務型裁量労働制の設立

バブル経済の崩壊とそれに続く低成長は、週40時間制度への移行を重荷と考える経営者にとって、裁量労働制を新たな関心から捉え直すきっかけとなった。なぜなら、労働者を長く働かせることがより割高になるのであれば、同じ労働時間の中でより多くの努力を引き出す必要があるからだ。特に80年代中盤の円高不況を主な契機とし、製造業では多くの生産拠点が海外に移転しており、ブルーカラーよりはホワイトカラーの労務管理を見直す必要も出てきていた。経営者が裁量労働制のホワイトカラーへの拡大を求め始めた背景には、このような認識の広がりがあったと言ってよい。

日経連が1995年に発表した『新時代の「日本的経営」』も、「企業が直面している問題は、一方で時間短縮、もう一方でグローバル経済下での競争の激化といっ

た中で、〔ホワイトカラーの〕生産性の向上を図」（日経連 1995：91）ることであるとの認識を示している。その上で、「ホワイトカラーの業務は一般に個人の能力差によって生産性格差が生じている場合が多く、成果が働く時間に正比例」しないため、「労働時間短縮と能力・成果志向とが相俟ってホワイトカラーの処遇は見直しの度合いを強め」（日経連 1995：91-92）ていると指摘する。そこで提案されるのが、裁量労働制である。日経連は、ホワイトカラーの仕事はなんであれ意思決定や立案の要素を含んでいる――時間管理になじまない――ため、彼らに一定の裁量を与えることが必要になっているとし、1) 本社などの企画・立案・調査・分析の業務、2) 顧客との交渉・折衝で独自の判断ができる営業、3) 税務・法務・財務・投資業務等の専門的な知識を必要とする業務、これらに携わるホワイトカラーには裁量労働制が適用できると主張した。

労働組合は、制度の拡大が労働者の権利を根本的に損なうとし、

- 裁量労働制が単純にサービス労働を正当化してしまう危険がある。適切な労働時間管理なしには、過密労働から過労死に至る可能性を否定できない。
- すべての非標準的な仕事が裁量を含んでいるとの議論には賛同できない。裁量労働制の適用範囲の基準としてははなはだあいまいすぎる。
- 日本の企業組織では、個人化され明確に定義された職務記述が存在するわけではなく、職務はグループ単位で行われている。そのような状況下では、裁量労働制は例外的なケースにしか適用できない。

（連合 1995a）

との憂慮を表明している。さらに連合は、裁量労働制の拡大を求める経営者の真の目的が人件費削減にあるのではないかとし、（導入の理由がホワイトカラーの仕事の「増大する裁量」であるなら）「新しい制度は単純に必要なく、現在あるフレックスタイム制度で十分対応できるはず」と主張した（連合 1995a）。

労働省はホワイトカラーの仕事の性質が変わりつつあることを論拠とし、ホワイトカラー労働者への裁量労働制導入の地ならしをしてきた。労働省に設けられた裁量労働制に関する研究会は1995年に答申を提出し、産業構造の変化・労働過

程の再編・労働者の価値観の変化などの環境変化に対応し、産業界に裁量労働制の拡大に対する幅広い期待があることを指摘している。そして、高度に専門的なスキルや創造性を必要とするホワイトカラーについては裁量労働制が必要であると提言している（連合 1995b）。

このように政労使すべてがその意見を表明していたものの、裁量労働制についての議論は1997年にいたるまで審議会における中心的な議題ではなかった。1997年以降の政治過程について、ここでは詳細を議論することは避けるが、この間の政治過程は「政使 vs. 労」（中村・三浦 2001）であったと総括できる。伝統的な審議会における政労使の三者による協議体制は、規制緩和委員会[14]の登場によって変化を余儀なくされていた。規制緩和委員会に労働側代表はおらず、その分労働の地盤は沈下している（Imai 2004）。これまでは審議会が自律的に行ってきたアジェンダ・セッティングを自ら行うことができず、裁量労働制をめぐる議論も規制緩和委員会の影響力によって議論が始まっている（Imai 2006）。その結果審議会では成案を得られず、賛否両論が併記されたまま国会へ送られており、労働政策における国会での議論の重要性が増したとの議論もある（三浦 2001）。裁量労働制の議論に関する限り、労働側にはもう一つ抵抗力を発揮できない要因があった。それは労働内部の分裂であり、例えば自動車総連や電機連合は裁量労働制の導入に関して必ずしも否定的であったわけではなく、むしろ肯定的であった（鈴木 2000など）[15]。マスコミのキャンペーンや、参議院選挙での自民党の敗北によって国会で多くの付帯条件をつけることができたものの[16]、労働側は結局当初の目標であった新制度設立反対を実現することはできなかった。

こうして1998年に設立されたのが企画業務型裁量労働制である。事業運営上の重要な決定が行われる企業の本社などにおいて企画・立案・調査及び分析を行う労働者が対象とされ[17]、具体的には新たに個々の企業で設立を義務づけられた労使委員会で詳細な適用範囲を決めることとなった。対象労働者については「実際の労働時間と関係なく、決議で定めた時間労働したものとみなす」効果が発生することとなる。

国会審議過程で導入反対派（慎重派）が加えることができた制約や条件は、この組織レベルの意思決定にかかわる部分に多い。例えばこれまで存在してきた労

使協議会のような組織とは別に、新しく労使委員会を設立することが義務づけられたことなどである。この新しい労使委員会では、裁量労働制の適用範囲、健康対策、苦情処理、適用拒否者に対する不利益な取り扱いの禁止、記録の保存といった重要案件について、全員一致の原則で決を採らなければならないと定められた。

(2) 企画業務型裁量労働制の利用とその理由

こうした規制が適用されたことによって、新しい裁量労働制の利用はそれほど急速には広がらなかった。労働省の調査によれば、導入翌年の2001年時点では、1,000人以上の労働者の働く企業で専門型裁量労働制を導入している企業は5.6％、新しい企画業務型裁量労働制にいたってはほんの0.8％が使っているに過ぎなかった（厚生労働省 2001）。新しい労使委員会設立の義務や、様々な要件を毎年この労使委員会で全員一致の票決をしなければいけないといった条件が、重荷となった結果である。もう一つの調査によれば、この制度を使っている63の企業のうち、極めて多くの企業が「毎年の合意の必要」(82.5％)、「個別労働者からの同意の必要」(60.3％)、「健康と福祉に関する措置の必要」(60.3％)、「労使協議会における全員一致」(58.7％) などの項目に対する不満を表明している（厚生労働省 2002）。経営者団体は、こうした数々の制約は取り除くべきであると主張している（経団連 2001、日本経団連 2002, 2003, 2004）。

規制緩和委員会や審議会における経営側は、企画業務型裁量労働制の「使い勝手の悪さ」を指摘し、また「裁量労働制についての調査会」の提言もあり、2004年には「労使委員会における投票要件の緩和（全員一致から5分の4の賛成）」などを含む規制緩和が行われた。連合はこの時、これらの要求が規制緩和委員会の提案を丸呑みしているに過ぎないとして反対の姿勢で臨んだが、連合はそれが不成功に終わったことを認めている（連合 2002）。

この規制緩和を受け、2004年4月以降、いくつかの有名企業が制度の採用・拡大に動いた（日本IBMなど）。就業条件総合調査でも、2004年以降は導入実績に堅調さが目立ってきている。2006年には、全産業ベースで9.5％が専門業務型裁量労働制を、4.3％が企画業務型裁量労働制を導入しているし、製造業のみに絞るとそれぞれ17.9％と5.6％と伸びてきていることが分かる。裁量労働制の導入

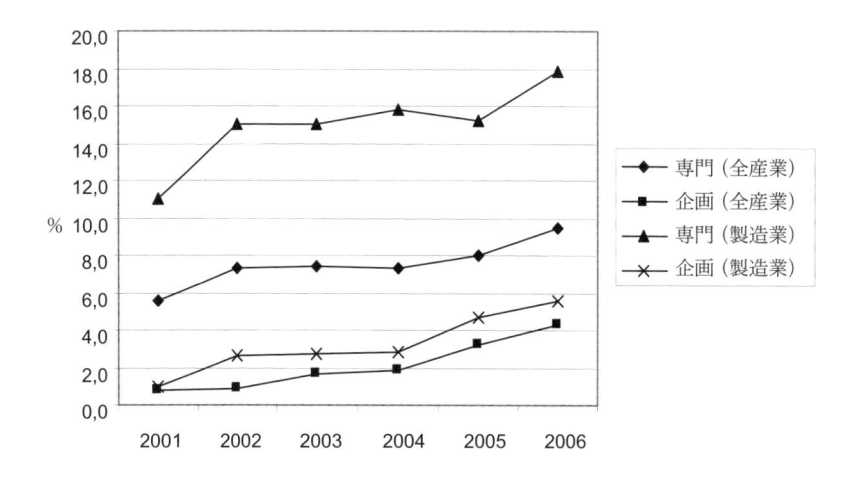

エフォート・バーゲンの転換:裁量労働制・成果主義労務管理制度導入の意味

図1 従業員1,000人以上の企業における裁量労働制の導入状況

出所)厚生労働省 2001-2006、就業条件総合調査より作成。

は急拡大というわけではないが、着実に増えていっている。また、現在議論が進行しているように、ホワイトカラー・エグゼンプションの導入が視野に入りつつある。

　それでは組織レベルでこの裁量労働制は、どのように受け止められているのだろうか。実際の導入実績が振るわない時期にあっても、この制度の持つ特性に対する経営者の期待は高かった。これは、裁量労働制利用の煩雑さを避けながらも、労働時間制度の濫用によってまで彼らが裁量労働制と同様の効果を実現していたことに表れている。これはフレックス・タイム制度の利用によるもので、多くの電気機器メーカー——NEC、東芝、富士通、日立——などが、その利用によって労働時間と賃金決定の関連を切り離していた。これらの制度はNECでバイタルワーク、富士通ではSPIRITなどと呼ばれ、実際の労働時間にかかわらず、一般的に一月約20時間相当の残業代を支払う仕組みになっていた(読売新聞2000)。このような制度は、「ニセ裁量労働制」とされ、厳しく批判されることになる。[18]これらのケースも、実際の労働時間があらかじめ設定された一定の時間外よりも短ければ法律上は問題ない。しかし、現実にはほとんどのケースで時間外

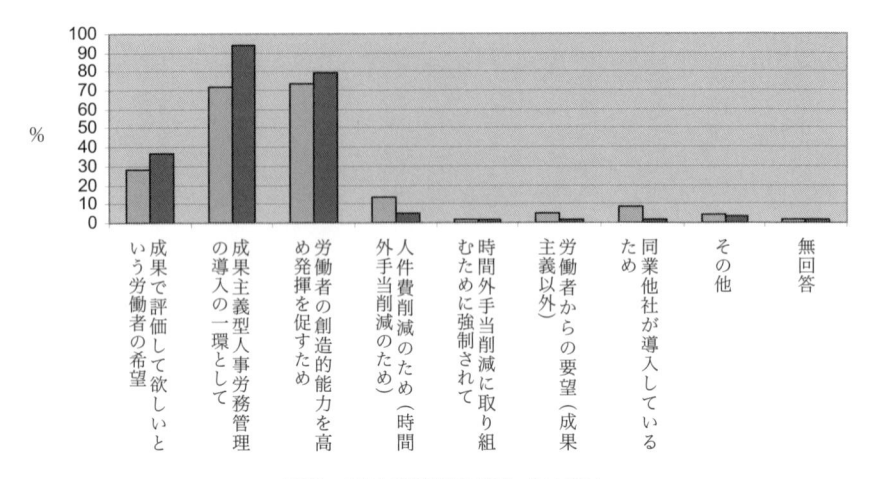

図2　裁量労働制を導入する理由

グラフ項目（左から）：
- 成果で評価して欲しいという労働者の希望
- 成果主義型人事労務管理の導入の一環として
- 労働者の創造的能力を高め発揮を促すため
- 人件費削減のため（時間外手当削減のため）
- 時間外手当削減に取り組むために強制されて
- 労働者からの要望（成果主義以外）
- 同業他社が導入しているため
- その他
- 無回答

出所）厚生労働省 2002 より作成。

の過少支払いとなっていたため、労働基準監督署の命令により、時間外の払い戻しをする事態となった（赤旗 2002）。

　こうした事例にも見られるように、経営者が裁量労働制効果の利用によって時間外手当を削減しようとする意図が完全になかったとは言い難い。しかし、『新時代の「日本的経営」』にも主張されていたように、経営者が裁量労働制の導入——労働時間と賃金の関連の脱連結——にこだわる大きな理由の一つが、成果主義労務管理の導入にあったこともまた事実であったであろう。**表1**は労働省による調査をまとめ直したものである。

　この調査によれば、裁量労働制を導入する理由として、専門業務型で70％以上、企画業務型で実に90％以上が「成果主義型人事労務管理の導入の一環として」を選び、成果主義とのセット導入であると答えている。次いで多いのが「労働者の創造的能力を高め、発揮を促すため」で（専門業務型では一番多い）、これもそれぞれ70％以上、または80％にせまる支持を集めている。[19] 同時に行われた企業へのヒアリング調査も、こうした統計の意味するところを、具体的な労務管理改革

表1 裁量労働制またはそれに類似する労働時間制度の使用例

企業名（産業・使用している労働時間制度）	制度導入の理由	制度の適用範囲
A（印刷・専門業務型裁量労働制）	従来の研究開発から脱皮した自由で独創的な研究開発を支援する仕組みとし、賃金決定について時間の長さによるのではなく、成果主義的視点を導入することにより、創造的業務に相応しい就労環境を整備するため。	主たる業務として研究開発を行っている4等級（大卒4年目（26歳程度）相当）以上の基幹職能の者であって、研究テーマを独力で設定し、遂行できることが要件となる（年間研究報告、研究計画書で判断）。研究者の指示によって業務遂行する研究補助員、分析・試作・事務の業務を行う者、幹部職能以上の者には適用しない。……必ずしも対象者全員を認定しているわけではなく、同一年次であっても能力面等の理由で適用されない者もいる。
B（電気機器・専門業務型裁量労働制）	研究開発など創造的な業務に従事する労働者に対して、ふさわしい環境を提供するため。量から質へ、仕事の評価の観点を転換するため。これらにより、研究開発部門組織活性化のきっかけとするため。	新設の「高度専門職掌」（管理系列職掌職と分離して設けたもので、人事の複線化の一環で（個別職掌名 [ji]）に格付けされる者全員。……同職掌への格付けに当たっては、裁量労働制の適用についてのみ個別同意を得るのではなく、その他の労働条件を含め、同職掌に格付けされることについての本人意志の確認をしている。適用者の範囲の見直しについては、成果及び本人の業務遂行の状況等を判断し、年1回実施している。
C（電気機器・企画業務型裁量労働制導入予定企業）[20]	増大するホワイトカラー比率、グローバル化の中で、欧米企業、アジア企業との開発競争上、ホワイトカラーの働き方は非常に重要な役割を持ち、生産性の向上が必要である。一方、従業員の側からも処遇に関する疑問が出てきており、社内で隔年実施しているオピニオンサーベイ（社員の意識調査）においても、「個人の評価制度を改善して欲しい」「評価をオープンにして欲しい」「賃金、昇進等において処遇差をつけて欲しい」等の意見が出ている。そこで、賃金の尺度を時間から成果へとシフトし、これに応じて働き方・働かせ方を変えることを目的として、新たに「（個別制度名 [ji]）（定額残業制）」を導入した。	主任クラス（おおむね入社8年目くらい）、約7,000名（従業員の24％くらい）が対象。適用者は上司により確定する。適用に関して、適用者本人の同意を取っている。労働組合に対しては、リストを通知している。 除外制度については、基本適用除外として、休職の者、制度にそぐわない者、個別適用除外として制度の趣旨に合わない業務等に従事している者（成果と労働時間の関連が高い業務等に従事する者）がある。時間外の超過申請があまりに続くような実態になると、「（個別制度名 [ji]）」から外れてもらっている。
D（製薬・企画業務型裁量労働制導入予定企業）	評価は時間ではなく結果により行われるという考えの浸透のため。自主性を発揮させ、自主的創意工夫による効率化の推進。	一つの事業部の非管理職全員（全員が企画的業務を行っている。単純業務は派遣労働者が行っている）。

出所）労働省 1999。

政策の中に見ることができる。ヒアリングを受けた企業の例には裁量労働制・擬似裁量労働制の両方を含んでいるが、いずれにしてもこうした制度の導入についてのフォーマルな見解を知ることができる。

　まず制度導入の理由については、すべての企業で成果主義労務管理への言及が見られる。「成果主義的視点を導入すること」（A社）、「量から質へ、仕事の評価の観点を転換するため」（B社）、「賃金の尺度を時間から成果へ」（C社）、「評価は時間ではなく結果により行われるという考えの浸透のため」（D社）など、このポイントは各社において強調されている。C社はより直截に「賃金、昇進等において処遇差をつけて欲しい」等の意見が労働者から出ていることを紹介し、それに呼応するため、賃金の尺度を時間から成果へとシフトし、これに応じて働き方・働かせ方を変えることを目的として当制度を導入していると述べている。また、「創造的業務に相応しい就労環境」（A社）や「自主的創意工夫による効率化の推進」（D社）など、ホワイトカラーの生産性や働き方に対する関心も、調査で示されたように導入の大きな理由の一つとなっている。

　今節では、裁量労働制が労働側の影響力がますます低下する中で設立され、経営側が成果主義労務管理導入の資源となることを期待していることを確認した。次の節では主に組織そして職場レベルに焦点を当て、成果主義労務管理制度の導入がどのように進められているのか、またその過程に裁量労働制がどのように関わっているのかという問題について、労働省ヒアリングにも登場しているC社の事例を用いて考察する。

4.「成果」の新しい定義へ：成果主義労務管理制度の導入

(1)「問題」としてのホワイトカラー

　C社は国内的にも国際的にも業界をリードする企業の一つである。1980年代の後半までに「通信機器及びシステム」「コンピューター・産業用電子システム」「エレクトロンデバイス」の三つの領域でビジネスを展開してきた。しかし1970年代には既に、これらの製品の製造業者としてのみならず、より付加価値の高いコンサルティング業務の必要性を認識していた。1977年には当時の社長によって、コンピュータと通信機器の将来的な融合という、業界全体の将来ビジョンを示す

エフォート・バーゲンの転換：裁量労働制・成果主義労務管理制度導入の意味

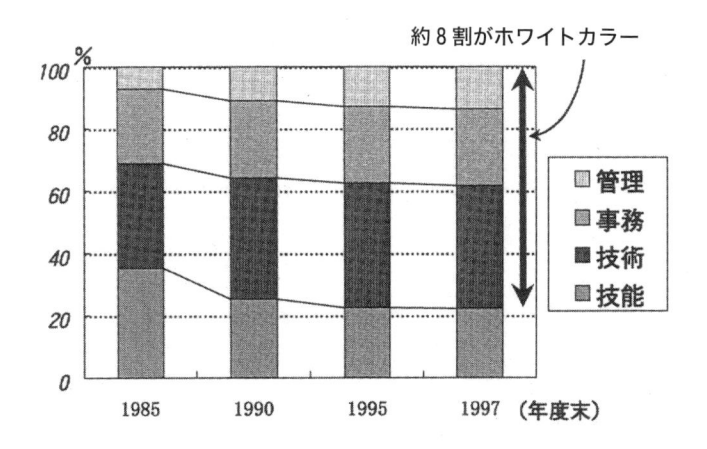

図3　C社におけるホワイトカラー・ブルーカラー比率の変遷
出所）C社内部資料より。

スローガンを発表。1980年代には、商品やサービスの一層のカスタマイゼーションやユーザーフレンドリネスを強調したスローガンに改訂し、1990年代を通じてこうしたビジョンを追及しようとしていた。

　1985年以降の円高不況期を境に、C社でも生産拠点の海外移転を進め、国内の社員構成が大きく変わっていた。1985年に35％を超えていたブルーカラー（技能職）比率は1997年には20％程度にまで下がっており、管理職・事務職・技術職をあわせたホワイトカラーが80％にせまっていた。

　先の労働省ヒアリングでも「増大するホワイトカラー比率、グローバル化の中で、（中略）ホワイトカラーの働き方は非常に重要」と答えていたように、戦略的な方向性にあわせてホワイトカラー労働者から必要な努力を引き出していくことが、C社労務管理の最も重要な課題の一つになっていた。このような認識に基づき、C社では1990年から順次経営革新運動と名づけた労務管理体制の改革を行ってきた。その中心的な制度が、成果主義労務管理制度の導入である。この改革は、C社の（多数派）労働組合が工場労働者の処遇については比較的明快な見解を持っていたものの、ホワイトカラーの処遇については、むしろ「これまでのぬるま湯

的なものは適切でない」(労働組合専従者インタビュー) とする立場をとっていたことから、特に抵抗なく始められた。

(2) 成果主義労務管理制度の導入：成果責任の個人化

この労務管理制度の改革は、具体的には成果主義評価・賃金制度と目標管理制度 (MBO: Management By Objectives) の導入であり、C社にとって1964年以来の大規模な改革であった。それは年功よりも成果を重んじる評価に基づいて賃金を支払おうとするもので、そのために労働者に対して明確に定義された組織目標とそこから導き出される個人目標を示し、目標管理制度を通じて労働者を動機づけようとするものであった。

表2は、1988年から2002年までのC社における労務管理制度改革の流れをまとめたものである。まず1990年、部門別業績賞与制度が、この年に行われた組織再編と同時に導入されている[21]。これは賞与の原資をそれぞれ利益に責任を持つ事

表2 C社における労務管理制度の変遷

年度	能力・成果主義／評価の公平・納得性	セルフマネジメント
1988		人材公募制度導入
1989		フレックス勤務制度導入
1990	部門別業績賞与制度	
	目標管理制度導入	
1992	職位体系の再構築 資格別賃金バンド管理	
1993	専門業務型裁量労働制 (研究職)	
	新報酬管理制度 (管理職)	
1994		管理職キャリア開発制度
1995	昇格基準改定 主任月額給与制導入	
1996	課長候補者研修改定	
1997	Cスタイル (擬似企画業務型裁量労働制) (スタッフ・営業)	
1998	Cスタイル (全部門)	
	資格制度・職位体系改定	
2000	コンピテンシーに基づく新人事制度	
2002	企画業務型裁量労働制	
	役割グレード給 (管理職)	

出所) C社内部資料から作成。

業本部の業績に基づいて配分するもので、C社における成果主義賃金制度導入の嚆矢と言える。事業部内での各部への配分の仕組みは以前と変わらない。同時にC社では、まったく新しい目標管理制度を導入している。この目標管理制度は人事評価制度と一体になっており、年に一度の上司との面接において双方向的なコミュニケーションがなされるべきであるとの考えから作られたものである。より具体的には、1) 上司とのコミュニケーションを促進すること（人事評価に対する納得を高める）、2) 目標管理制度を人事評価制度と統合する（人事評価基準をよりオープンにする）、3) 目標管理の徹底（仕事に対するチャレンジや成果主義による自己開発への動機づけ）、4) 自己評価の実施（仕事をしながら人的資源を開発すること）といった目標を実現するものであった（C社内部文書）。人事評価票も、こうした目的を達成するためのツールとして改定され、コミュニケーションシートと名づけられた。

その後成果主義賃金制度への改革は、1992年の「資格別賃金バンド管理」の一斉導入以降、上位職位にある者から順に強化されていった。1993年にはやはり組織再編と同時に、管理職を対象とする「新報酬管理制度（管理職）」が導入されている。この改革では、成果に対する責任の単位を、はじめて組織ではなく個人としている。管理職以上の労働者の賃金は、勤続・年齢をベースとする基本年収と、成果に応じた部分の二つに分けられた。基本年収部分は中期から長期にわたる総合的な人事評価の積み重ね（すなわち職能資格）によって決定される。そして、成果部分は短期における成果の評価によって決められることとなった。1995年には同様の趣旨の改定が、今度は対象が管理職から非管理職に広げられ、「主任月額給与制」として導入されている。

(3) 職場レベルの交渉の活性化

こうした成果責任の個人化は、職場レベルの交渉を活性化した。これは、C社における大規模な組織再編の際に、より明確に現れた。1996年に調査を行ったF部[23]（1995年設立）は、システム・インテグレーションに対するコンサルティングとシステム構築・販売を手がける戦略部署で、システム・インテグレーターを養成するために開発部門と販売部門から要員が集められた。C社はこの移動を[24]、

通常通りの経営権を行使する形で実行している[25]。すなわち、管理職と一般社員の間では移動に関する話し合いは行われず、労働者たちになんらかの説明をする必要があるとも認識していなかった。仕事の内容について大幅な変更があるとの通知が、移動の直前に該当する労働者になされたのみであった。直属の上司にインフォーマルな不満を伝えていた者たちも、予定の時期にF部へ移動となった。そしてこのことが成果主義の導入に対する、コンフリクトの一つの火種となった。

F部創設後、多くの不満が開発部門から移動してきた労働者たちから聞かれた。開発部門から移動してきたエンジニアの全員（19名）が、システム・インテグレーターという新しい職務の内容や、「販売部門で」「営業部員として」成績が測られることに対して不満を持っており、直属の課長はこれらの不満を承知していた[26]。もっとも先にも見たとおり、こうした不満は部長レベルでは考慮に値すると考えられていなかった。ほとんどのケースはインフォーマルな領域における不満の表明というレベルにとどまったが、ある若手労働者がこの不満を人事評価票上に表明している。Y氏は2年目の社員（職能資格では最も下位の「担当者」）で、エンジニア部門からF部に移ってきた。彼はこの移動に不満があり、人事評価票の「異動希望」欄に希望を出している。彼はシステム・インテグレーターという職務が販売の要素を含んでいることに不満があり、エンジニアリング関係の部署に戻して欲しいと訴えていた。彼の書き込みには「F部のような販売部門でエンジニアが正当に評価されるのか懸念がある」とあった。

彼自身は自分にシステム・インテグレーターの適性がないと評価票に記していたが、上司たちは彼の知識は高く評価しており、その応用にも十分な能力があると考えられていた。彼が担当者レベルであったことを考えれば、彼の評価は十分であったと言える。それゆえ、Y氏の直属の上司は、部下の不適応に少々当惑したようだ。Y氏の要求を認めることはできないので、彼は次善の策としてY氏の要望により近い部内の部署に移すことで問題を解決しようと考えていた。しかし、労働者の移動にかかわる経営権への確信は強固で、Y氏直属の上司の葛藤にもかかわらず、F部部長はそのような必要はないと考えていた。F部部長は人事評価票に「オリエンテーションに問題がある。直属上司を通じて指導を強化する必要あり」と記し、配属の従順な受け入れと、その要求を満たす努力をすべきである

という上司側の期待を矯正的制裁の可能性をも示唆しつつ示している。

　結局Y氏は1年にわたる抵抗の後、開発部門への移動こそならなかったが、直属の上司が提案したとおり同じ部内で別の職務を担うことになった。このケースは、Y氏が若く、不満を公にすることを躊躇わなかったという意味では例外的である。しかし、その不満の原因と内容は、主任クラスの労働者がインタビューで語った内容とまったく変わらない。すなわち、労働者個人に対する成果責任の増大とそれに対する認識が、成果の評価基準と職務割り当ての適正さに対する懸念を広げる結果になっているということである。[27]

　この交渉の活性化は、まず評価基準についてであり、職務割り当ての適正さへと波及している。評価基準については、数人の管理職員たちですら、こうした不満に理解を示している。彼らは実際に部下の評価をする時には、販売目標などの狭義の「成果」による成績差を控えめに見積もっていると言う。そして現実に要求されている「成果主義評価」については次のような意見を持っている。

　　実際に取ってきたオーダーの量だけでパフォーマンスを測るっていうのは難しいですよね。特に僕のレベルではちょっと。なるべくなら結果ではなくプロセスを重要視したいと思っています。(主任)
　　数字だけをベースに単純に評価はできないですよ。結局のところ、われわれは日本風の評価しかできないっていうことですよね。(部長)

　われわれがインタビューした管理職員たちのうち、人事評価は純粋に成果のみによってなされなければならないと主張したのは、人事評価システム構築の責任者であった人事部の課長だけであった。ここでは詳述しないが、実際の人事評価票からは、被評価者が目標を達成できなかった場合ですら、管理職員たちが部下のそこにいたる過程の努力に着目しようとしていることが容易に見て取れる。
　また、移動の側面に関しても、成果責任の個人化とともに職務割り当ての適切さを問う声が上がってくることに対して、管理職員たちも無関心でいることは不可能になりつつある。しかしこの側面に関しては、不満が開発部門から来たエンジニアに集中していたことに留意すべきであろう。彼らのような、キャリアを自

投稿論文

分で設計するこだわりのある労働者が多数を占めているというわけではないからだ。労働組合専従者は我々とのインタビューで、そのような意思を持つ「強い個人」が多いわけではなく、「就社意識」からまだまだ受け身なキャリア観を持つ労働者の方が多い懸念があるとの認識を示していた。ここでは、成果をめぐる評価のカテゴリーと基準に対する懸念が、移動の妥当性と絡められて問題化しつつあることのみ確認しておきたい。

(4) 裁量労働制の実質的・象徴的役割

こうした成果主義労務管理制度の導入と、それにともなう職場レベルのエフォート・バーゲンの活性化は、裁量労働制の導入とどのようにかかわっているのだろうか。1990年以降のC社における労務管理制度改革では、成果主義賃金制度と評価制度の導入とほぼ同時に（擬似）裁量労働制の導入が進められている。「部門別成果賞与制度」が導入された後に専門業務型裁量労働制が研究部門を対象に、「主任月額給与制」の導入後にCスタイル（擬似企画業務型裁量労働制）が導入されている。さらに言えば、後述するコンピテンシーに基づく成果主義が導入された後に、企画業務型裁量労働制が本格導入されている。C社では（擬似）裁量労働制の意義を「労働時間と労働価値の分離」（C社内部資料）として捉えており、その導入によって1) ホワイトカラー労働における成果中心主義への移行、2) 個人毎の自主管理（セルフ・マネジメント）の定着、3) 時間の有効活用と創造的な業務遂行の促進を達成することを目標としている。

例えば1993年の専門職型裁量労働制導入では、開発研究部門に従事する労働者の賃金から労働時間の要素が消えることとなった。これらの部署ではその代わりに年間2度の業績評定が人事評価とは別に行われ、結果は年2度のボーナスの多寡に反映し、時間外手当は裁量労働手当となった。[28] この変更によって、会社は時間外手当が業績にかかわらず増加するリスクを避けることができ、賃金総額を企業のその期の業績にリンクさせることにある程度成功した。労働者に対しては、年2回の業績評定に向けてより細かな目標を設定させ、その到達度合いが直接ボーナスの多寡に影響することを理解させようとしている。裁量労働制の導入は、こうした改革における「意識改革」において大きな意味を持っていると考え

られている（人事部課長インタビュー）。

労働組合は「反対の声もあるが、全体としては成果評価による格差をもっと広げて欲しいとの意見の方が強い」と指摘し、また「C社はホワイトカラーが8割を超える会社。時間で成果を測るやり方が本当に公平なのか、という疑問は組合員の中にも浸透してきている」と続ける。実際C社は裁量労働制と成果主義のセットを、主任以下の研究員や研究部門以外の事務部門の非管理職にも広げていくタイミングを計っており、主任職の賃金制度改革はその地ならしと位置づけている（労務行政研究所　1997）。

それでは、裁量労働制導入時に繰り返し語られる「時間ではなく成果で測る」方向への転換とは、具体的に労働者のレベルでどのような実践と意識の変化を意味しているのだろうか。雑誌に掲載された次のような例は、裁量労働制が現場で持つ実質的・象徴的な意味を具体的に伝えている。

　　初めて成果加算給を含んだ賞与を受け取った時、D主任は面接での手ごたえほどに加算給が少なかったと感じた。説明を求めると、面接をした直属の上司は「部内と研究所内の調整で点数が下がった」と答え、最終的なD主任の点数を示した。原因は「この期に入る前にほとんど完成していたはずのシステムのトラブル解決に手間取り、目標に掲げていた新システムまで手が回らなかったからだ。それでも、以前なら残業手当という一律の基準で、長時間労働が報われていたはずである。」D主任は「裁量労働制なんかない方がいい」と感じたが、現在は目標もはっきりし、達成度をめぐる上司とのすれ違いもほとんど解消したという。「評価の基準に加えて、面接のノウハウもつかめてきた……（以下略）。」（寺山　1995）

新しい労務管理制度の下これまでどおりに働いていたD主任が、裁量労働制と成果主義労務管理制度のもたらす変化に戸惑い、その後新たな適応を果たすストーリーとして読める事例である。これまでであれば少なくとも長時間労働による時間外手当で報われてきた労働が報われず、その努力は上司とすりあわせた目標・達成度・評価基準に向けられるようになっている。裁量労働制の導入とは、

投稿論文

賃金決定を労働時間から脱連結する意味があるが、それは単に時間外労働という概念をなくすだけではなく、成果主義労務管理制度の導入をともなって、努力を「成果」に向けて強く方向づけをする意味があることが分かる。

　1996年から主任クラスの一部を対象に導入・拡大されたCスタイル――擬似裁量労働制――も、こうした効果を研究開発部門以外に広げる目論見を持って導入された。1998年4月のCスタイル拡大によって、約7000人の主任クラス労働者ほぼ全員（C社における主任の90％）がその対象となった。この仕組みでも通常の労働時間管理は行われず、その代わりにCスタイル手当という、一定額の新たな手当てが支払われる。ホワイトカラーを対象にした裁量労働制（企画業務型裁量労働制）の施行は2000年であり、この当時裁量労働制をホワイトカラー労働者に適用することはできなかった。それゆえCスタイルは法的には「固定時間外労働手当」で、管理者は通常の労働時間管理を怠ってはならず、固定の時間外以上の時間外労働が発生したときにはその分の支払いをしなければならない。結局、先にも述べた通りこの仕組みに対してはサービス残業の正当化だとの批判が強まり、C社も含めた大手電気機器メーカーは残業代の払い戻しを命じられることになる。こうした経緯を経て、C社は2002年、Cスタイルを全面的に企画業務型裁量労働制に移行することを決定した。この導入の目的は、端的に「成果に対する意識を高めるのが狙い」であった（共同通信 2002）。これによりC社全部門の主任程度以上の労働者は、D主任がそうであったように、その努力を上司とすりあわせた目標・評価基準へとより強く方向づけていくことになる。

(5)「成果」の新しい定義：コンピテンシー・マネジメント

　C社は全部門への裁量労働制導入に先立つ2000年、成果主義労務管理制度をさらに改定している。ここでは、研究者の労務管理制度改革と同様に、半期ごとの賞与に反映する業績評定と昇格・昇給にかかわる人事評価部分が作られた。業績部分については研究開発部門ほど個別目標を明確に示せない職務が多く、綿密なMBOの重要性が高まり、詳細な目標設定による個別化が進んだ。より注目されるのは人事評価部分で、いわゆるコンピテンシー・マネジメントを同社風にアレンジしたCスタイル・マネジメントが導入された。このCスタイル・マネジメ

エフォート・バーゲンの転換：裁量労働制・成果主義労務管理制度導入の意味

ントは、ここまでの交渉の成り行きを踏まえた新たな成果観を示している。

　これまで職場レベルにおいては、公には成果主義労務管理制度が導入されたとはいえ、特に評価基準については管理職員にも一般の労働者の間にも揺れる態度があったことを観察してきた。そのような中で登場したのがコンピテンシー・マネジメントと呼ばれる評価制度で、1990年代後半以降多くの企業で急速に妥当性を獲得しつつあった。コンピテンシー・マネジメントではそれぞれの部門において最もパフォーマンスの良かった労働者の細かな行動特性を列挙し、それを同部門で働く労働者に対する評価の基準としようというものである。この行動特性のリストをコンピテンシーと呼ぶ。C社はこの仕組みの導入において最も先進的な企業の一つであった。多くの場合人事部が各部門長に対して最も優秀だと考えられる労働者についての聞き取りを行い、さらにそれらの労働者にも、仕事に取り組む準備・ものの考え方・ネットワーキングといった仕事へのかかわり・コミットメントについて聞き取りを行う。人事部はこうした聞き取り作業から、最も高い成果を上げてきた労働者に共通する行動特性を抽出し、それらの行動特性を満たすことをもって新たな「成果」としたのである。

　C社はこのコンピテンシー・マネジメントを導入するにあたり、これを基礎コンピテンシー（全社共通）と応用コンピテンシー（部門別）の二重の仕組みとした。基礎コンピテンシーでは、企業倫理性・利益志向性・顧客志向性・自己管理・同僚とのかかわり・挑戦志向性・コミットメントといった全社に共通する組織目標の達成に必要な七つの大項目が設けられ、それぞれについて「高い達成」がどのような行動で表されていなければならないかが描写されている。応用コンピテンシーは、その作成にあたって現場の役割がより大きく、その記述がより詳細である。人事部は前述の作業により集めた情報をそれぞれの現場にいったん返し、期待される行動・必要な研修・公的な資格・英語の能力といった項目に従って情報を整理することを求めている。それぞれの部署では比較的下位の管理職員が集まり、高い成果を上げている部下の行動特性についてまとめていった。**表3**の右欄がその一部である。

　この新しい人事評価制度は極めて特徴的な性格を持っている。この評価制度は、評価の流れなど多くの部分で旧システムを踏襲しているが、労働者に対する

表3　システム・インテグレーター用人事評価票比較：1995年と2002年（主任レベル）

1995年	2002年
問題提起力	情報収集 ・社内外のネットワークを構築し、自身も価値ある情報を発信することで、情報の中心地となり、情報が自然と集まってくるようになっている。 ・各種情報メディア及び人脈を通して、事業運営に必要な最新情報を、効率的に入手している。 ・客先との日常的会話と、自分の保有する市場動向情報・客先動向情報を結び付ける事により、顧客のもつ漠然とした要望を具体化している。 ・客先との雑談などの場において、本音で話せる人脈を維持活用し、拠点 [jj] の拡大のために次に取り組むべきテーマのヒアリングを行っている。 問題設定 ・従来の枠にとらわれない斬新的かつ創造的なソリューションテーマを設定し、顧客のニーズに合わせた意味づけを行っている。 課題抽出・分析 ・自分の経験・常識の範囲内で課題を設定するのではなく広い視野であるべき姿から課題を設定している。 ・競合他社の強み弱みを分析し、自社の強みを生かせる部分を見つけ出している。 ・新聞記事、マスコミデータ、先端技術情報等を自分なりに咀嚼し、自分の言葉で表現している。 ・トップの方針（事業方針、中期計画等）を理解した上で、何が課題であるかを大局的見地から分析している。
企画・計画力	市場把握 ・他者のビジネス戦略を把握して自社とのベンチマーキングを行い、競争力のある自社の販売戦略を立案している。 ・グローバルレベルで市場動向を把握し、販売戦略を打ち出している。 企画 ・基調となる事業戦略に則った形で、コンセプトを明確にしている。 ・各種手段（広報・情報発信・イベント・など）のタイミング・内容を予め決め相乗効果を発揮するようにしている。 ・顧客の視点に立って、分かりやすく訴求力のある企画を立案している。 ・プロモーションにおける法律・規約面からの検討を行い遵守するとともに、自製品の権利主張を行うための施策を立案している。
実行・折衝力	遂行 （省略）全部で6項目
評価力	（省略）

出所）C社人事評価票より作成。

期待を行動のレベルで、極めて詳細に規定している点で特徴的である。表3にあるように、以前の評価票の同部分と比較すると、相当する応用コンピテンシーの評価項目の詳細さは一目瞭然である。以前は四つの評価項目について「努力している」といった主観的評価が書き込まれていたが（Imai 2006）、現在は25を超える項目に拡大され段階評価がなされる。これらの詳細な評価項目は、必要な行動

118

特性が組織目標の項目別に分類されたものであり、MBO・上司とのコンサルテーションの一層の充実という労使の合意を背景に、労働者の努力は組織目標とそれを達成できるとされる行動特性に、より強く方向づけられようとしていることが分かる。[32]

また「人事評価の手引き」は、被評価者は「自分が求められている行動を常に行うことができるか」という視点で自己評価をし、評価者は部下をポテンシャルを持っているかどうかではなく、実際にそれができるかどうかで評価しなければならないと念を押している（C社「人事評価の手引き」）。新しい評価項目と評価に当たっての注意点のいずれもが、労働者の具体的な行動に焦点を当てていることは、新しい「成果」観を示していて興味深い。この「行動」への着目は、「成果」を測るアイディアの最も新しい到達点であると言えるだろう。

C社は移動に関するルールも、制度の上では徐々に改革を進めてきた。改革の方向性は「職務選択の自己責任化」である。Cスタイル・マネジメントの導入と並行して進めているのが社内における人材公募制度の拡大で、人事部課長によれば「社内労働市場」を作るという思想で改革を進めているという。[33] 成果主義を十全に機能させるためにはこうした制度が必要だとの考えで、これまでの交渉の過程をふまえた動きとなっている。[34] ただし、2002年時点ではそれほど活発な利用はみられなかった。

5. ディスカッション：「象徴的努力」から新しい「成果」への漸次的転換

(1) 制度的資源としての裁量労働制

裁量労働制の成立とその導入は、エフォート・バーゲンにどのような意味を持っていただろうか。まずその設立の経緯は、社会レベルにおける交渉における、労働側の更なる地盤沈下を示していた。規制緩和委員会の登場は、それまでの労働行政において中心的な役割を担ってきた政労使による審議会の地位を低下させ、その権力関係を「政使 vs 労」と言いうるほどに傾けた。産業構造や国際競争における位置を背景にした、労働組合の産業間の意見の齟齬も無視できないが、ここではこうした権力関係を背景に裁量労働制が成立し、徐々に拡大されてきた点を確認しておくことが重要である。この制度が経営側をどのように資するのか、と

いう観点から考察することが有効であることを示唆するからだ。

　制度の実際の導入は、手続きの煩雑さからそれほど急激には伸びなかった。しかし、制度に対する関心は高く、擬似裁量労働制の開発・導入などは、成果主義労務管理との併用による効果に対する期待が極めて高いことを示している。経営側にとって裁量労働制の最も重要な機能は、比較的専門性や経験のある労働者を中心に、彼らの賃金と労働時間の関係を脱連結できることである。このことは、「象徴的努力」が実際的にも象徴的にも報酬を保障しなくなる可能性を示している。まず、「象徴的努力」は必ずしも「時間外手当狙い」を意味する行為ではないが、裁量労働制の被適用者になるということは、時間外手当という長時間労働に対する実際的報酬を受けられなくなることを意味する。そしてさらに重要なことは、長時間労働という「象徴的努力」の具体的な表現が、今後少なくともそれだけでは高い評価のベースにはならないというメッセージを運んでいることである。長時間労働が実際的な報酬に結びつかず、努力を意味する象徴性も薄れているとするならば、今後労働者の努力はどのように方向づけられるのだろうか。ここで裁量労働制の導入は、成果主義労務管理制度の導入と密接にかかわりあうことになる。

(2) 成果主義労務管理制度と裁量労働制

　まずC社では、生産拠点の海外移転や産業構造の転換によりホワイトカラーの働き方や生産性が問題として浮上した。この事態に対応するために考え出されたのが成果主義労務管理制度であり、この制度改革の目的は成果責任を労働者一人一人に与えることであった。この目的を達成するために、それぞれの責任を明確にするための目標管理制度、目標に対する成果をより正確に測るための評価制度、達成度の応じて差をつけることのできる賃金制度が次々に設計導入された。

　特に成果責任の個人化は、評価基準や職務割り当ての適切さを問題化し、エフォート・バーゲンを活性化させることになった。F部の例では問われる成果の内容や、そもそもの職務割り当ての適切さについてフォーマル・インフォーマルな異議申し立てが相次いだ。管理職員も、新しい制度の要求と古い仕組みや文化との相克の中にいた。特に人事評価における「成果」の内容については職場レベ

ルで異論が大きく、プロセスを重視した評価をせざるを得ないと考える管理職員が多くいたことも事実である。

　こうした交渉が続く中で、裁量労働制の導入は労務管理制度の転換にとって実質的・象徴的資源としての機能を持っていた。裁量労働制は、賃金と労働時間の関連を脱連結した上で、これまでであれば「象徴的努力」に向かっていたであろう努力を、MBOとより細かな項目による評価基準に示される「成果」の方向へと導こうとしている。C社では1993年の専門業務型裁量労働制導入以来、擬似裁量労働制の導入とその拡大を経て、10年がかりで企画業務型裁量労働制の導入にたどり着いている。これらの導入にあたっては、成果主義志向への意識改革の重要性が強調されていた。

　活性化したエフォート・バーゲンを受けて新たに提示された試みが、Cスタイル・マネジメントであった。この新しい人事評価の方法は、混乱しつつあった「成果」の内容に新たな定義を持ち込んだと言える。これは基本的にはそれぞれの職場で優秀であると考えられる労働者の行動特性を分析し、それを組織目標の項目別に分類し直した詳細なリストである。この方法における「成果」は、どの程度具体的に示された行動特性に沿って行動できたか、という問題として再定義されている。むろん、この方法の提示をもってエフォート・バーゲンの交渉過程が終了したわけではない。しかし、Cスタイル・マネジメントで「成果」の新しい定義が提出されたことで、労働者の努力に対する新たな方向づけが示されたと考えることはできるだろう。

(3)「象徴的努力」から新しい「成果」へ

　最初に見たとおり、日本企業におけるエフォート・バーゲンの均衡点は「象徴的努力」にあった。競争的な労務管理が労働者に努力を提示させる圧力になっており、長時間労働はそんな努力を最も明確に提示できる象徴的な意味を持ってきた。そういう意味では、成果主義労務管理制度の下でも、長時間労働が評価者にとっても被評価者にとっても、相変わらず「努力」を意味し続ける可能性は十分にあり、実際に日本の労働者の労働時間が劇的に減るということはありえないだろう。

しかし事態はそこにとどまってはいない。ここまで見てきたとおり、裁量労働制の最も重要な機能は、賃金と労働時間の関連を脱連結することである。その（もしくはそれと同様の効果を持つ制度の）導入によって、賃金決定は労働時間という誰に対しても平等な地平を離れ、設定された目標への到達度合いを測る人事評価との連結を深めている。つまり人事評価のカテゴリーや評価基準は、労働者にとってこれまでよりも重い意味を持つようになってきている。だからこそ、C社の労働者たちはより多くの成果責任を持たされ時間外手当がなくなる中で、評価基準の精緻化と職務割り当ての適正化をより強く望むようになった。こうした異議申し立てを受けて登場したのがコンピテンシー・マネジメントであり、上司とのコミュニケーションの制度化であり、社内公募制の拡大であった。

その結果は、エフォート・バーゲンの均衡点の「象徴的努力」から新しい「成果」への漸次的移行であり、また統制の強化である。長時間労働は相変わらず高評価の一要素にはなるかもしれないが、しかしそこで費やされる努力は細かく設定された評価基準により強く結びつけられていなければ意味を持たない。より重要性を持ち始めた評価基準の指示する細かな行動特性を、日常から見せ続けなければならなくなっているからだ。そのような統制強化の側面に起因するエフォート・バーゲンは継続している可能性があり、今後さらに組織・職場レベルでの交渉過程に注視する必要がある。

6. むすび

1990年代以降の様々な改革の過程は、1980年代までの「日本的経営」の中で一つの均衡に到達していたエフォート・バーゲンの再調整過程でもある。本稿では、エフォート・バーゲンという概念を援用し、職場の統制が雇用関係の複数の要素とそれらのかかわりについての、社会・組織・職場レベルを縦断するダイナミクスを持つ交渉による、社会的構築物であることを強調した。そのような視点から見ると、裁量労働制の設立や成果主義労務管理制度の導入は、職場の統制に次のような変化をもたらしていた。まず、こうした改革はエフォート・バーゲンの均衡点を、「象徴的努力」から新しい「成果」へと徐々に移しつつあった。二つ目は、裁量労働制がこの転換の制度的資源になっていたことである。つまり、労働時間

と賃金の関係を脱連結させることによって長時間労働の実効性の一部を失わせ、さらに労働者の努力の方向性を新たな方向に振り向けるといったように、実質的・象徴的な制度的資源として機能していたことである。

　ホワイトカラー・エグゼンプションについての議論の例もあるとおり、この過程は現在も継続中である。また、裁量労働制の設立論議や成果主義労務管理制度導入に見られるように、エフォート・バーゲンは産業・職種・企業規模・従業員の階層などによって異なる発展をしている可能性がある。今後はこうした違いをより考慮に入れた上で、エフォート・バーゲンの一般的な転換の方向性について考察を進めることが必要である。

〔注〕
(1)　例えば、労働省が1998年・1999年の2年間にわたって行った調査によると（サンプルは大企業中心）、ほぼすべての企業（97％）が「能力主義・成果主義の徹底」を人事戦略の基本方針と掲げていた（労働省　2000）。
(2)　同様のアイディアとしては、組織論の文脈で新制度論や政治・文化アプローチの議論を批判的に摂取し、組織の変化についての「複合戦略モデル」を提示する佐藤・山田(2004)が挙げられる。彼らは、組織の変化を考察するには制度環境のレベル（マクロ）・組織構造と組織文化のレベル（メゾ）・個人と個人間の関係（ミクロ）を設定し、その相互関連の様相を分析することが必要だとしている（佐藤・山田　2004）。
(3)　エフォート・バーゲンという概念は、1957年に経済学者ベーレンド（H. Behrend）によって提唱された。彼女はまず、労働者が努力をするしないは、賃金インセンティブだけで決まるのではないとの認識から出発し、それが労働条件や仕事の内容についての労使交渉の過程とその結果が作り出す、労働者の態度によって決まると考えた（Behrend 1957）。そもそも社会学の伝統は労働者の投入する努力を、労働者が雇用者と個別に結ぶ狭義の労働契約に基づくものとは考えず、その「非契約的基礎」の説明力を強調してきた（Durkheim 1964 [1893]）。すなわちそれは将来の働き振りに対する規範的な合意に基づくのであり（Stinchcombe 1990）、職場に存在する制度化された権威関係を承認し、それに従うことにより発揮される（Streeck 1992）、という社会構築的な理解である。エフォート・バーゲンという概念は、労働者の努力の強度が賃金以外の側面の交渉も含んだ多元的社会的構築であることを指摘し、さらにその社会的交渉が、団体交渉に限らない重層性を持っていることを示唆する。
(4)　社会学一般の問題としては「時間」の方が上位の概念である。
(5)　この点で、エフォート・バーゲンという視点は制度派経済学などに見られる制度的相補性（institutional complementarity）という概念と一線を画す。制度的相補性を想定した制度変化の議論は制度間の機能連鎖を強調するが、エフォート・バーゲンで強調

投稿論文

されるのはあくまでも認識・利害の交渉過程である。
(6) 先に、これまでの労働研究が社会的交渉が行われる雇用関係の要素について比較的無関心であったと述べたが、ジェンダーの視点による職場の権力関係の分析はこの限りではない。Shire(2000)や木本(2002)などは、職場の統制関係が雇用契約や移動パターンの違いにより異なること、また統制をめぐる交渉過程が重層的であることなどを指摘してきた。
(7) 例えば「サービス残業」はこの極端な発揮である。実際よりも短い労働時間しか報告しないということは、本来経営側の関心事である課や部の全体のコストを、常日頃から考慮に入れて行動する献身的な労働者であることを示す指標である(熊沢 1997)。また、労働コストをカットする最も簡単で有効な方法は時間外労働をカットすることである、といった認識も(Dore 1986)、「ノー残業デー」などの施策に、仕事の多寡にかかわらず従う従属的な労働者があって始めて成立する。
(8) こうした基準の主観性は、ジェンダーや政治的信条を基にした人事差別を助長し(Shire 1999, 遠藤 1999)、外部労働市場に逃れられない日本の労働者をより従属的にすることになった(遠藤 1999)。
(9) Ota (1995)は競争的労務管理と象徴的努力の因果関係を実証したものだが、この関係のもっとも強い統制変数は「ジェンダー」であった。すなわち異なる契約・移動環境下にある女性は、競争から降りることがあり、そのために長時間労働をしないというオプションが存在している。
(10) この調査はS. Frenkel教授を中心とした国際研究チームによって組織された「ナレッジ・ワーカー・プロジェクト」の一部で、アンダーセン・コンサルティング、オーストラリア研究協会からの助成金を得て行われた。日本チームはK. Shire教授をリーダーとし、松下国際財団から追加的な支援を得て調査を行った。Ota (1995)はこの調査に基づいている。
(11) この調査は松下国際財団の援助を得て行われた。
(12) ただし、C社の事例が一つの典型例になりうる可能性は指摘しておきたい。C社の事例は労務管理の専門雑誌に最も頻出した例の一つであるのみならず、労務管理設計の専門家たちの評価も高い。職能資格制度の生みの親である楠田丘氏も、C社の事例が今後日本企業の労務管理制度の模範となるべきだと指摘している(政策研究大学院大学 2003)。
(13) 裁量労働制に関する研究会(座長・菅野和夫東京大学教授)。
(14) 本稿では1994年の規制緩和小委員会以降に設置された、規制緩和委員会、規制改革委員会、総合規制改革会議、規制改革・民間開放推進会議のすべてを「規制緩和委員会」と表記する。
(15) 鈴木勝利氏は当時電機連合(全日本電機・電子・情報関連産業労働組合連合会)中央執行委員長。
(16) 国会審議における連合と民主・社民両党の協力については、中村・三浦(2001)を参照のこと。

⒄　具体的には、1）本社・本店である事業場、2）1）のほか、①当該事業場の属する企業等に係る事業の運営に大きな影響を及ぼす決定が行なわれる事業場、②本社・本店である事業場の具体的な指示を受けることなく独自に、当該事業場に係る事業の運営に大きな影響を及ぼす事業計画や営業計画の決定を行っている支社・支店等である事業場。

⒅　企業内多数派組合とは別個に組織された批判派グループの告発によって、労働基準監督署はこうした制度濫用の実態について調査を行うにいたった。これらのグループによる告発やマスコミ報道では「ニセ裁量労働制」という用語が用いられたが、これはいわゆる「擬似裁量労働制」のことで、本稿では以後後者を使用する。

⒆　ただし労働省の調査に対して裁量労働制の導入意図を「人件費削減のため（時間外手当削減のため）」と答える企業は少ないであろう点は考慮に入れなければならない。ただし、社会経済生産性本部による調査も、若干古いとはいえほぼ同様の結果を示している（社会経済生産性本部 1995）。

⒇　企画業務型裁量労働制導入予定企業とは、ここでは実質的に擬似裁量労働制の導入企業を意味している。

(21)　本稿ではC社独自の名称を持つこれらの制度について、原義を損なわない仮称に置き換えている。

(22)　単純に12分割されたものが月給。

(23)　F部は総勢57人（うち出向者14人）。課長以上の管理職が11名、残り46名中15名が主任である。ここでの議論は、主にF部員へのインタビューやF部で収集した資料に基づいている。

(24)　通常企業内での労働移動は「異動」と表記されることが多いが、ここではそれが「労働移動」の一形態であることを重視し「移動」と表記する。

(25)　F部部長は、このような手法は特にC社に特有のものではないと断り、次のように述べた。「日本企業で社員のキャリアをコントロールするのはそれほど難しいことではないです。それに、社員がこうした配転にかかわる意思決定の過程にかかわる必要があるとも思わないですね。こうしたことは企業の戦略にかかわる組織再編なわけですから、実際に実行されるまでは誰にも知らされるべきじゃあないんですね。」また、労働組合も新しい部署の創設については1年前に知らされていたが、移動する労働者の選別にはまったくかかわっていない。

(26)　システムインテグレーターという新たな役割創出の試みの中で、最も成功しているケースと評価されていた主任のZ氏にしても、この思いは変わらない。彼もインタビューで、「かなりドラスティックに仕事の内容が変わるので〔…中略…〕というメモがきたんですね。僕もそうでしたけど、全体的にショックが大きかったですね。ちょっと嫌になりました」と話した。

(27)　おそらくそれほどの成果責任を負わされていないであろう2年目のY氏ですら、その懸念を強く表明したことは、むしろ成果責任に対する認識が広く共有されていることを示すものだと解釈すべきであろう。

⑱ この制度が適用されたのは主任クラスの研究者330人であった。年2回の業績評定が個人の点数の30％を占め、人事評価による上司の主観評価が残りの70％を占める。残業手当はなくなり、月20時間の残業を想定した裁量労働手当が支払われる。成果部分の賃金で10％の差がつき、年収レベルで100万円程度の差がつくように設計されている。

⑲ 裁量労働制に対する労働組合の柔軟なスタンスは、そもそもC社の労働組合が労働時間管理に対してあまり厳格なスタンスをとっていなかったことにもそのルーツがある。経営側から1995年の春からのタイムカード廃止を提案された時も、労働組合は強く抵抗せず、労働時間の記録は予定の期日から手で記入する方式になった。労働組合は、このような変更がサービス残業を助長する可能性について十分認識していたが、それについても「4時間の残業を2時間と報告するようなことは、無理やりでなければ問題ない」（労働組合専従者インタビュー）とする立場をとっていた。

⑳ Cスタイルが適用されない残りの10％の労働者には、1）出向者、2）仕事の性質・本人の能力上、裁量が十分に認められない者、3）時間がかかることが確実な性質の仕事についている者、4）時間管理の必要な仕事についている者、が含まれている。

㉑ より正確には、新たに作られた職群制度で非管理職中最高位のランクに当たる労働者（A職群1級）。旧職位体系では、およそ主任程度のランクに当たる。

㉒ 現在C社では、管理職を中心にこのアイディアをさらに発展させた「役割給」の導入を進めている。「役割」とは端的に「組織役割」であり、組織目標への統合という意図は明らかであろう。

㉓ 本稿ではこの社内人材公募制度の仕組みと利用の実態について深く立ち入らないが、C社では1988年にはじめて制度を導入して以来、2002年までに計16回、社内人材公募を実施してきた。当初この制度は新規事業立ち上げの際のみ実施されてきたが、1998年以降既存の部門にも拡大され、合格しない限り応募の事実が直属の上司に知らされないなど、細かな整備が進んでいる。

㉔ 人事部課長はこの制度の拡大の意味について、成果主義労務管理制度の導入と関連させ、「この制度のなかで自分は働きたいのだ、と言わせるところまで社員を納得させるのも、成果主義を実施するための重要な条件」ではないか、と話している（JMAM 人材教育 2001，Oct. 25頁）。

〔参考文献〕

赤旗 2002、"サービス残業代、C社100人余に4500万円払わせた：ただ働き一掃へ一歩" 12月11日。

Behrend, H. 1957, "The Effort Bargain," *Industrial and Labor Relations Review*, Vol. 10, No. 4, July: 503-515.

Dore, R. 1986, *Flexible Rigidities,* London: The Athlone Press.

――― 1997, "The Distinctiveness of Japan," in *Political Economy of Modern Capitalism*, ed. by C. Crouch and W. Streeck, Thousand Oaks, California: Sage Publications Inc.:

19-32.
Durkheim, E. 1964〔1893〕, *The Division of Labor in Society*, New York: Free Press.
Edwards, R. 1979, *Contested Terrain: The Transformation of the Workplace in the Twentieth Century*, New York: Basic Books.
遠藤公嗣 1999、『日本の人事査定』ミネルヴァ書房。
Gordon, A. 1985, *The Evolution of Labor Relations in Japan: Heavy Industry, 1853-1955*, Cambridge, MA.: Harvard University Press.
―――― 1993, "Contests for the Workplace," in *Postwar Japan as History*, ed. by A. Gordon, Berkeley and Los Angeles, CA.: University of California Press.
兵藤釗 1997、『労働の戦後史 上・下』東京大学出版会。
Imai, J. 2004, *The Rise of Temporary Employment in Japan: Legalisation and Expansion of a Non-Regular Employment Form*, Discussion Paper, Institute of East Asian Studies, Duisburg-Essen University.
―――― 2006, *Reform Without Labor: The Transformation of Japanese Employment Relations since the 1990s*, Ph.D. Dissertation, presented to the Department of Sociology, the State University of New York at Stony Brook.
稲上毅 2003、『企業グループ経営と出向転籍慣行』東京大学出版会。
石田光男 2006、「賃金制度改革の着地点」『日本労働研究雑誌』第554号 (2006年9月号)、47-60頁。
JMAM 人材教育 2001、"特集：正しい成果主義、間違った成果主義"『人材教育』第13巻10号 (10月)、22-25頁。
河西宏祐 2001、『日本の労働社会学』 早稲田大学出版部。
木本喜美子 2002、「労働組織とジェンダー」『社会学評論』第52巻第4号、522-540頁。
共同通信 2002、"7,000人に裁量労働制導入—C社、成果主義に対応"(http://www.jil.go.jp/mm/kumiai/20021025.html)。
経団連 2001、"2001年度経団連規制改革要望：経済社会の構造改革と行政改革の断行に向けて"(http://www.keidanren.or.jp/japanese/policy/2001/044/mokuji.html) 10月16日。
熊沢誠 1997、『能力主義と企業社会』岩波書店。
―――― 1998〔1989〕、『日本的経営の明暗』筑摩書房。
小池和男 1977、『職場の労働組合と参加—労資関係の日米比較—』 東洋経済新報社。
三浦まり 2001、「代表制・説明責任・政策有効性—派遣法改正の政策形成過程を政策評価する一試論」『日本労働研究雑誌』第497号 (2001年12月号)、33-43頁。
森岡孝二 1995、『企業中心社会の時間構造：生活摩擦の経済学』青木書店。
中村圭介 2006、『成果主義の真実』東洋経済新報社。
中村圭介・三浦まり 2001、「第6章 連合の政策参加〜労基法・派遣法改正を中心に〜」中村圭介編『労働組合の未来をさぐる—変革と停滞の90年代をこえて—』連合総合生活開発研究所。
日本経団連 2002、"2002年度日本経団連規制改革要望：産業競争力の強化と経済の活性

化に向けて"(http://www.keidanren.or.jp/japanese/policy/2002/062.html) 10月15日。
―――― 2003、"2003年度日本経団連規制改革要望：更なる規制緩和の推進に向けて"(http://www.keidanren.or.jp/japanese/policy/2003/098.html) 10月21日。
―――― 2004、"2004年度日本経団連規制改革要望：民間活力を発揮するための規制改革、民間開放の推進"(http://www.keidanren.or.jp/japanese/policy/2004/086.html) 11月16日。
日経連 1995、「新時代の『日本的経営』―挑戦すべき方向とその具体策―」新・日本的経営システム等研究プロジェクト報告。
大野威 1997、「X自動車における職場の自律性と自律性管理のメカニズム：X自動車における参与観察の結果から」『社会学評論』第48巻2号、143-157頁。
―――― 1998、「A自動車と労働過程：A自動車における参与観察に基づいて」『大原社会問題研究雑誌』第470号、14-40頁。
Ota, N. 1995, *Japanese Management by Competition: Overtime Work as Symbolic Effort*, a thesis presented to the Division of Public Administration, Graduate School of International Christian University, for the Degree of Master of Arts.
連合 1995a、"労働関係法改正レポート No. 38"。
―――― 1995b、"労働関係法改正レポート No. 30"。
―――― 2002、"労働基準法の一部改正・建議にあたっての談話"(http://www.jtuc-rengo.or.jp/new/iken/danwa/danwa20021226a.html) 12月26日。
労働省 1999、"裁量労働制の指針のあり方に関する研究会報告"(http://www.jil.go.jp/kisya/kijun/990902_02_k/990902_02_k.html)。
労務行政研究所 1997、「個人業績を賞与に反映する'Cスタイル'：C社」『労政時報』第3316号、13-21頁。
社会経済生産性本部 1995、「裁量労働制に関する調査」報告書、生産性研究所。
政策研究大学院大学 2003、『楠田丘 オーラル・ヒストリー』。
佐藤郁哉・山田真茂留 2004、『制度と文化：組織を動かす見えない力』日本経済新聞社。
Schwartz, F. 1998, *Advice & Consent: The Politics of Consultation in Japan*, Cambridge, Cambridge University Press.
Shibata, H. 2002, "Wage and Performance Appraisal Systems in Flux: A Japan-United States Comparison," *Industrial Relations,* 41 (4): 629-652.
Shire, K. 1999, "Socialization and Work in Japan: The Meaning of Adulthood for Men and Women in a Business Context," *International Journal of Japanese Sociology,* No. 8: 77-92.
―――― 2000, "Gendered Organization and Workplace Culture in Japanese Customer Services," *Social Science Japan Journal,* Vol. 3, No. 1: 37-58.
Smith, T. 1988, *Native Sources of Japanese Industrialization, 1750-1920,* Berkeley and Los Angeles, CA.: University of California Press.
Stinchcombe, A. L. 1990, *Information and Organizations,* Berkeley, CA.: University of California

Press.
Streeck, W. 1992, *Social Insitutions and Economic Performance*, London: Sage Publications Inc.
鈴木勝利 2000、「IT革命と労働運動：電機産業の取り組みを中心に」JIL講演会、12月11日。
立道信吾・守島基博 2006、「働く人からみた成果主義」『日本労働研究雑誌』第554号（2006年9月号）、69-83頁。
寺山正一 1995、「経営戦略－組織改革－C社─裁量労働で研究所活性化13の評価基準掲げ公平感」『日経ビジネス』日経BP社。
Thompson, E. P. 1993, *Customs in Common: Studies in Traditional Popular Culture*, New York: The New Press.
読売新聞 2000、"フレックスタイム制'悪用'残業手当て実質カット、労基法違反容疑、労働省が調査へ"3月11日。
萬井隆令・脇田滋・伍賀一道編 2001、『規制緩和と労働者・労働法制』旬報社。
吉田誠 1993、「A社特装車組立工程における職場の相貌：参与観察に基づく一考察」『日本労働社会学会年報』第4号、29-50頁。

統計・調査資料
厚生労働省 2001、「就労条件総合調査」(http://wwwdbtk.mhlw.go.jp/toukei/kouhyo/indexkr_8_1.html)。
─── 2001-2006、「就業条件総合調査」(http://wwwdbtk.mhlw.go.jp/toukei/kouhyo/indexkroudou.html)。
─── 2002、"裁量労働制に関する調査結果の概要（ヒアリング結果を含む）"。
労働省 2000、「成果主義時代の人事管理と教育訓練投資に関する調査」大企業で進む成果主義管理と多様化する人材育成戦略─人事・労務管理研究会、人材育成ワーキンググループ─調査研究報告 (http://www2.mhlw.go.jp/kisya/daijin/20000808_02_d/20000808_02_d_gaiyou.html)。

投稿論文

⟨Abstract⟩

The Transformation of Effort Bargain: The Impacts of the Introduction of Results–Oriented Labor Management and the Discretionary Work System

Jun Imai
(University of Duisburg–Essen)

A decade after the early 1990s has witnessed reform movements in various levels of society in Japan, which were implemented in the hope to revitalize sluggish economy. The central measures of the movement in the field of employment were the introduction of the results-oriented labor management system and the establishment of the Discretionary Work System. These measures were said to have changed workplace control relation at Japanese companies significantly. This paper proposes the framework to analyze the transformation of labor management practices from social constructivist viewpoint focusing on the layer of social negotiation—effort bargain—with regards to three aspects of employment relations. From the analyses of the establishment of the DWS and the case study of the implementation of the results-oriented labor management system, the paper found that the control relation at large Japanese company is transformed from 'symbolic effort' to newly defined 'results' orientation. The DWS was a major resource of this transformation.

書　評

1 河西宏祐著
　　『電産の興亡 (1946〜1956年)
　　——電産型賃金と産業別組合——』　　　　　　　山本　潔

2 吉田　誠著
　　『査定規制と労使関係の変容』　　　　　　　　　杉山　直

河西宏祐著
『電産の興亡（1946〜1956年）
―― 電産型賃金と産業別組合 ――』
（早稲田大学出版部、2007年、Ａ5判、461頁、定価 本体6,500円＋税）

山本　潔
（東京大学名誉教授）

はじめに

　本書は、著者の河西宏祐教授が、大学を卒業し東京電力に就職・退社して以来、40余年間にわたり取り組んでこられた、文字通りのライフ・ワークである。この間に著者は、一方において、旧「電産」（日本電気産業労働組合）の本部が所蔵し（1945/12〜56/3）、電産中国地方本部が引継いで保管していたすべての資料（除く会計簿）を、鉄道貨車にて借出し、分類・整理・目録を作成し[1]、他方において、旧「電産」の主要リーダーのほとんどすべての人々から聞き取りを行い、河西宏祐『聞書：電産の群像』、同『電産型賃金の世界』を上梓している[2]。このような、電産史についての積年の研鑽の上に結実したのが、本書《河西宏祐『電産の興亡（1946〜1956年）――電産型賃金と産業別組合――』》である。

　本書の篇別構成は、序章「研究課題」、第1章「12月協定」(1946年)、第2章「電産の結成」(1947年)、第3章「地域人民闘争」(1947〜50年)、第4章「レッド・パージ」(1950年)、第5章「電産1952年争議」(1952年)、第6章「電産の崩壊」(1956年)、終章「結論」となっている。

　本書は 460頁余の大著であり、また、戦後日本の労働組合運動史上で、最も重要な組合の一つである「電産」の歴史を、克明に描いたものである。それゆえ、その内容をここで詳しく紹介し検討することは不可能といえよう。そこで、筆者が本書で初めて知ったことを中心として、筆者のいつもの"独断と偏見に満ちている"と批判されている読み方で、本書の内容を簡単に紹介し、最後に、若干の問題を提起したい。

133

「12月協定」(1946年)

　まず第1章では、電産協(日本電気産業労働組合協議会)の1946年「10月闘争」と、その結果としての1946年「12月協定」の内容と意義が、検討されている。第1は、「電気産業の社会化(民主化)」、第2には電産型賃金体系、第3は退職金、第4は労働条件(労働時間制等)である。

　このうち、まず第1の「電気産業の社会化(民主化)」は、通常、「電気産業の民主化」とか、「電気産業の社会化」とか、書かれているものであり、「社会化(民主化)」とは、著者の苦心の表現といえよう。この「社会化」という文言は、当時、日本発送電会社(日発)総裁室企画課にいた佐々木良作(のちの右派社会党委員長)の発案で、戦争中に「国策会社」として設立された「日発」は占領軍によって解体・民営化されるだろう、それにともなって大量人員整理が行われるであろう。それを防ぐために、「日発」を中心とした「発送電・配電一元化」による電気産業の「全国一社化」をはかる。それは、「公共会社」(公社)とする。そのスローガンとしては、"社会化"が占領軍に対しても世論に対しても、通りが良い、ということであったろうという。

　第2には、「電産型賃金体系」であり、「10月闘争」において、ほぼ全面的に獲得された。その意義は、一つには、賃金というものは、まず労働者の生活を保障するものでなければならない、という発想にある。具体的には、「生活保証給」(「本人給」47.2％＋「家族給」20.2％)が、基準内賃金の74.7％と、高いウエイトを占めていたことである。ここで、イ．「本人給」は"年齢別最低賃金"を定めたものであり、ロ．「家族給」は、当時における家族そのものの歴史的な存在形態を前提として「扶養家族」の範囲をきめ、その家族数に応じて手当を加算したものである。二つには、団体交渉による賃金水準決定のための基礎条件を確立したことにある。戦前来の「学歴」「性別」「資格」等々によって異なる「初任給表」と、上長の「査定」による昇給とによって、きめられていた賃金を廃して、"年齢別最低賃金"という、団体的賃金決定のための物指しを定めたのであった。

　第3に、「退職金」についてみると、「停年後約10年間の生活保証をなす」となっていた。そして、「停年その他自己都合によらない退職者」には「在職していると

同様の賃金を支給する」となっていた（「女子結婚退職」も退職金規定の確定までこれを適用）。社会保障制度が不備な状況のもとで、それを代位補填するものであったといえよう。

　第4に、「基準労働時間」は、週38.5時間制を獲得している。

　第5には、賃金の「生活費」"スライド制"であった。当時は、戦前基準で消費者物価指数が、60倍とか100倍というような、猛烈なインフレ下にあったから、実質賃金は日々下落してしまう。そこで、"スライド制"を要求して、認めさせたわけである。

　1946年の「電産10月闘争」の要求の内容は、およそ以上のようなもので、ほぼ全面的に、要求を獲得して、1946年12月21日に妥結した。しかし、その後の展開は、激しいインフレの進行と、占領軍と政府の賃金抑制政策のもとで、「電産」（日本電気産業労働組合、1947/5/9結成、結成事情については第2章で分析されている）は、賃金の団体的決定による生活保証給としての電産型賃金を、維持し"スライド"させていくために、苦闘しなければならなかった。そして、その過程で、「電産」の組合組織内での、共産派と民同派との対立も激化していくのであった。

「地域人民闘争」（1947〜50年）

　つぎに、第3章であつかわれている1947年以降の時期においては、引き続くインフレーションのもとで、「電産」は、「電産型賃金」（1946年「12月協定」）の"賃金の生活費スライド条項"を、如何に機能させていくのか、それをめぐる労使の抗争が、中心的問題であった。ところが、第3章は、「地域人民闘争」と題されている。何故であろうか。一方において、中国革命の進展とその朝鮮への波及等、極東情勢が緊迫してくるのにともなって、占領軍は日本を"アジアにおける反共の砦"として"自立再建"させんとし、労働運動に対する抑圧を強めてくる。GHQによる1947/1/31の2・1ゼネスト禁止、1948/3/29の全逓地域スト禁止、さらには、1948/7/31の「政令201号」による国鉄・全逓労働者の「団体交渉権・争議権」剥奪等々である。他方において、労働組合側は、このような占領軍や政府による賃金ストップ政策に対して、有効な闘争戦術を見出すことができなかった。そして、国鉄・全逓労働者は「職場放棄」（職場離脱）をして、北海道の狩勝

試図1　猪苗代分会をめぐる諸政治主体（1948年前後）

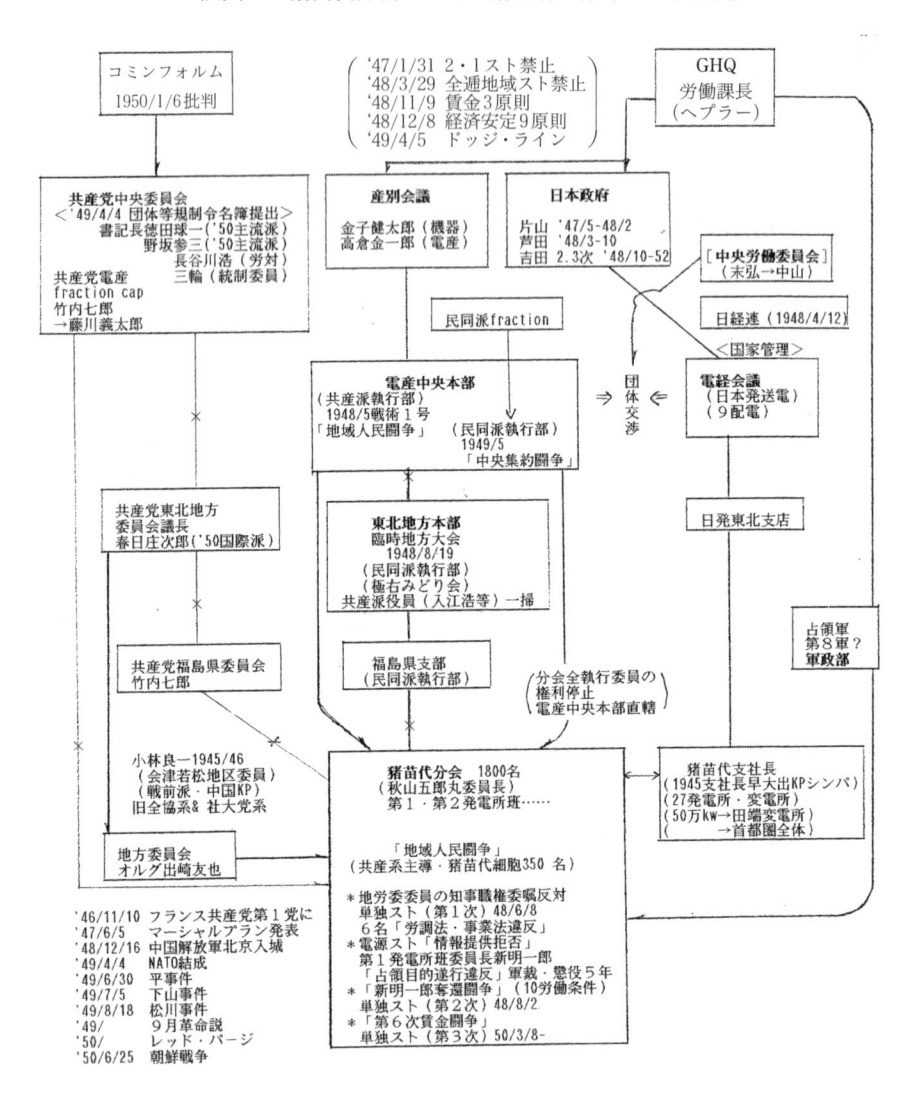

- コミンフォルム
  1950/1/6 批判

- '47/1/31　2・1スト禁止
- '48/3/29　全逓地域スト禁止
- '48/11/9　賃金3原則
- '48/12/8　経済安定9原則
- '49/4/5　ドッジ・ライン

- GHQ 労働課長（ヘプラー）

- 共産党中央委員会
  <'49/4/4 団体等規制令名簿提出>
  書記長徳田球一（'50主流派）
  野坂参三（'50主流派）
  長谷川浩（労対）
  共産党電産　三輪（統制委員）
  fraction cap
  竹内七郎
  →藤川義太郎

- 産別会議
  金子健太郎（機器）
  高倉金一郎（電産）

- 日本政府
  片山　'47/5-48/2
  芦田　'48/3-10
  吉田 2.3次　'48/10-52

- ［中央労働委員会］
  （末弘→中山）

- 日経連（1948/4/12）
  <国家管理>

- 民同派 fraction

- 電産中央本部
  （共産派執行部）
  1948/5戦術1号
  「地域人民闘争」
  （民同派執行部）
  1949/5
  「中央集約闘争」

- 団体交渉

- 電経会議
  （日本発送電）
  （9配電）

- 共産党東北地方委員会議長
  春日庄次郎（'50国際派）

- 東北地方本部
  臨時地方大会
  1948/8/19
  （民同派執行部）
  （極右みどり会）
  共産派役員（入江浩等）一掃

- 日発東北支店

- 共産党福島県委員会
  竹内七郎

- 福島県支部
  （民同派執行部）

- （分会全執行委員の権利停止　電産中央本部直轄）

- 占領軍
  第8軍？
  軍政部

- 小林良一 1945/46
  （会津若松地区委員）
  （戦前派・中国KP系）
  旧全協系 & 社大党系

- 地方委員会
  オルグ出崎友也

- 猪苗代分会　1800名
  （秋山五郎丸委員長）
  第1・第2発電所班……
  「地域人民闘争」
  （共産系主導・猪苗代細胞350名）
  * 地労委委員の知事職権委嘱反対
  単独スト（第1次）48/6/8
  6名「労調法・事業法違反」
  * 電源スト「情報提供拒否」
  第1発電所班委員長新明一郎
  「占領目的遂行違反」軍裁・懲役5年
  * 「新明一郎奪還闘争」（10労働条件）
  単独スト（第2次）48/8/2
  * 「第6次賃金闘争」
  単独スト（第3次）50/3/8-

- 猪苗代支社長
  （1945支社長早大出KPシンパ）
  （27発電所・変電所）
  （50万kw→田端変電所）
  （　　　　→首都圏全体）

- '46/11/10　フランス共産党第1党に
- '47/6/5　マーシャルプラン発表
- '48/12/16　中国解放軍北京入城
- '49/4/4　NATO結成
- '49/6/30　平徳事件
- '49/7/5　下山事件
- '49/8/18　松川事件
- '49/　　　9月革命説
- '50/　　　レッド・パージ
- '50/6/25　朝鮮戦争

注）河西宏祐『電産の興亡（1946～1956年）』（2007年、早稲田大学出版部）第3章と図3-1（148頁）を基本とし、山本潔『戦後危機における労働運動』（1977年、お茶の水書房）をも参照して作成。

峠等から全国オルグに、南下してくる。労働運動の方向が定まらない状況下、"9月革命説"がささやかれてもいた。このような暗中模索状況のもとで唱えられたのが、「地域人民闘争」戦術だったのであった。

本書の「地域人民闘争」と題する第3章に記されていることは、従来ほとんど全く知られていなかった事実に満ち満ちており、当時の労働運動の実態に関する理解を、飛躍的に深めてくれるものといえよう。この1948年の緊張した状況のもとで、電産史にとって、非常に重大な結果をもたらしたのが、猪苗代発電所の「電源スト」（第1次1948/6/8、第2次8/2、第3次1950/3/8）であった。〔事態を理解するために若干の前提条件を記しておけば、当時の発電は"水主火従"、水力発電が中心で火力発電は従であり、首都東京や京浜工業地帯の電力は、福島県や関東周辺の山岳から流れ落ちる水力によっていた。中でも猪苗代発電所は重要な位置を占めていた。そして、「電産」「猪苗代分会」（1800名）は、第1発電所、第2発電所等々、幾つもの発電所・変電所等々の「班」の分れており、何十人かで構成される一つの「班」が「電源スト」をすると、首都圏全体が混乱に陥るという関係にあった。したがってまた、当時の共産党の指導者、東北地方委員会議長の春日庄次郎（のち1950年分裂時の国際派）やその影響下にあった東北地方オルグ出崎友也は、このような猪苗代の重要性を考えて集中的にオルグに入っていたと考えられる。〕

たしかに、当時、共産派執行部がにぎっていた「電産中央本部」は、「情勢可能なところからストをもって闘え」と、「戦術1号」指令（1848/5）を発していた。しかし、この共産派執行部も、「猪苗代分会」が「単独スト」をし、その政治経済的影響の大きさ故に、大問題になっていくとは、予測していなかったのではなかろうか。もう一つの問題は、「猪苗代分会」の「単独スト」の争点である。イ．とりわけ、第1次「単独スト」（1948/6/8）の争点が、それまで労働組合推薦であった地方労働委員会の労働側委員を、県知事が職権で委嘱することに反対する、ということだった点である。これは、電産の組織をかけて戦わなければならないほどの争点ではなかったといえよう。ロ．結果論からすれば、この第1次「単独スト」がきっかけとなって、占領軍（軍政部）が介入し、猪苗代第1発電所班委員長の新明一郎が「占領目的遂行違反」で逮捕され、軍事裁判にかけられて懲役5年となる。ハ．これに対して分会としては、「新明一郎奪還闘争」（「10労働条件」は名

目）のための第2次「単独スト」(48/8/2) を打たざるをえなくなっていく。ニ. 共産党本部の野坂参三（のち1950年分裂時の主流派）や本部労働対策部の長谷川浩が、東北地方委員会オルグの出崎友也を押さえようとしたが、新明一郎が占領軍に捕まっているのであるから、オルグや分会としては、「奪還ストライキ」をやめて新明一郎を見殺しにするわけにはいかなかったといえよう。

　この「電源スト」という戦術は、他に有効な戦術を見出せず、追いやられて採用された戦術であった。とはいえ、電気産業における一発電所の「地域」ストが、ただちに首都圏全体に影響を及ぼすという、その影響力の巨大さを考慮すれば、それは、"伝家の宝刀"のごとく、たやすく抜くべきものではなかったであろう。当時唱えられた「地域人民闘争」という戦術に問題があったばかりではなく、猪苗代分会は春日庄次郎―出崎友也ラインの指導下で、その全国的な強烈な政治・経済的影響力にもかかわらず、地労委委員選出問題という"地域"的問題で"地域"的視野にたって、「地域人民闘争」を展開したと、いわざるをえないのではなかろうか。

　そして、その結果として、1948/8/19の電産東北地本の臨時大会において、地本の共産派役員は一掃されてしまう。代わって民同派中心の東北地方本部が成立する。またさらに、電産中央本部の共産派執行部の凋落と民同派の制覇につながっていく。分かれ道は、地労委委員の県知事職権委嘱反対のために、「猪苗代分会」が「単独スト」を打った点にあったわけで、これについては、もっと柔軟な戦術が考えられたであろう。また「猪苗代分会」の小人数による「地域人民闘争」は、「電源スト」という戦術の性格上、単なる一「地域」における「人民闘争」にとどまらず、電気産業ひいては日本経済全体に影響する重みをもっていること、したがってまた、占領軍はじめ全政治経済機構のリアクションに直面せざるをえないことを、予測すべきであったといえよう。

「レッドパージ」(1950年)

　つぎに、第4章の「レッドパージ」(1950年) については、以下の2点を指摘するにとどめよう。第1には、「レッドパージ」は「GHQの超法規的処置」によるものだ、というのが「通説」であろう。これに対して本書では、日本の電気産業「経

営者側が自主的に『レッドパージ』を準備」していたことを、「経営側資料によって立証」している。

　第2には、電気産業の「レッドパージ」は、全産業中で最大規模の2,137名におよんでいることである。そして、この結果は、敗戦以来の電気産業において圧倒的に「労働者優位型」の労使関係を作り出してきた「共産派勢力」が、「壊滅状態」に陥ったこと。逆に経者側は、「失地回復」の手掛かりをつかむことができたこと。また、「電産内の主導権が共産派から民同派へと決定的に転換」したことであった。

「52年争議」(1952年)

　ついで、第5章においては、1952年争議の経過が詳しく追われている。その大枠は、電産をめぐる大状況の変化である。まず第1に、サンフランシスコ対日講和条約が調印 (1951/9/8) され、発効 (1952/4/28) して、日本がまがりなりにも独立したことである。第2には、「日発」(日本発送電会社) が地域ごとに9分割されて、地域ごとに配電会社と統合され、日本電力産業が地域ごとの発電・送電・配電を担当する寡占企業9社によって構成されるようになったことである (1951/5/1)。この「電力9分断」の結果として、日本の電力産業全体の利益よりも各地方電気会社の利害が、優先することになった。また東京電力のような企業業績の良い会社と北海道電力のような企業業績の良くない会社とでは、賃金の支払能力に差もでてくるし、会社側がそれを餌に企業別組合への分断を計ってもくる。第3には、日本資本主義が朝鮮戦争 (1950/6) 特需を梃として急速に復活しつつあり、それにともなって、資本家・経営者が力をつけ団結し始めたことである。そして、独立後は、破壊活動防止法 (1952/7/4) を成立させて、労働運動に対する対決姿勢を強めてきたのであった。このような状況のもとで、電産52年争議は闘われたのであった。

　A　電産。電産の要求は「賃金ベースアップ」52％となっていた。これは、総評が唱えた market basket 方式 (マ・バ方式) によるものであった。つぎに、交渉方式としては、従来通りの全国1本の中央交渉方式であった。争議戦術として、電産は、電源・変電所スト16次、延462.5H、参加人員98,770人、停止電力約2億8,000万KW という強力なストライキを続けた。

試図2　電産52年争議をめぐる諸政治主体（1952/4/14-12/18）

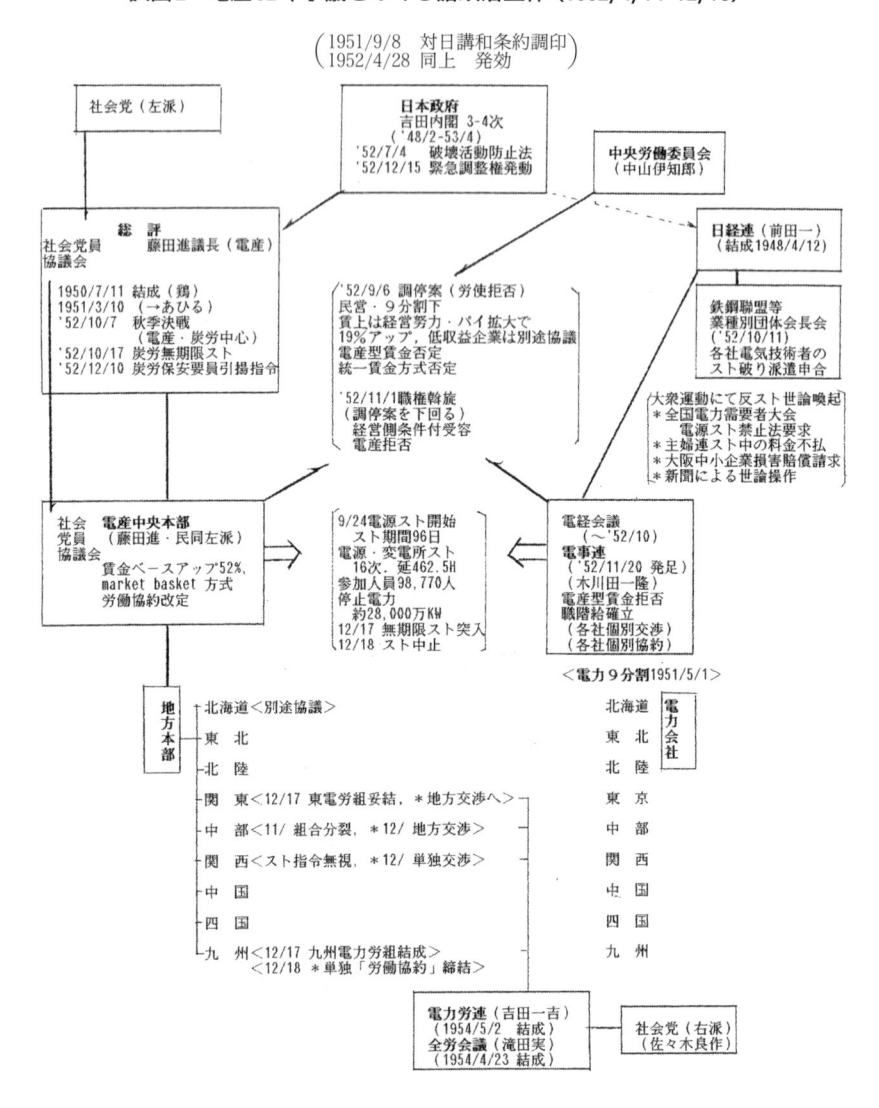

（1951/9/8　対日講和条約調印）
（1952/4/28　同上　発効）

社会党（左派）

日本政府
吉田内閣 3-4次
（'48/2-53/4）
'52/7/4　破壊活動防止法
'52/12/15　緊急調整権発動

中央労働委員会
（中山伊知郎）

日経連（前田一）
（結成1948/4/12）

総評
社会党議員　藤田進議長（電産）
協議会
1950/7/11 結成（鶏）
1951/3/10（→あひる）
'52/10/7　秋季決戦
　　（電産・炭労中心）
'52/10/17　炭労無期限スト
'52/12/10　炭労保安要員引揚指令

'52/9/6　調停案（労使拒否）
民営・9分割下
賃上は経営努力・パイ拡大で
19%アップ、低収益企業は別途協議
電産型賃金否定
統一賃金方式否定

'52/11/1職権斡旋
（調停案を下回る）
経営側条件付受容
電産拒否

鉄鋼聯盟等
業種別団体会長会
（'52/10/11）
各社電気技術者の
スト破り派遣申合

大衆運動にて反スト世論喚起
＊全国電力需要者大会
　電源スト禁止法要求
＊主婦連スト中の料金不払
＊大阪中小企業損害賠償請求
＊新聞による世論操作

社会　電産中央本部
党員　（藤田進・民同左派）
協議会
賃金ベースアップ52%，
market basket 方式
労働協約改定

9/24電源スト開始
スト期間96日
電源・変電所スト
16次、延462.5H
参加人員98,770人
停止電力
約28,000万KW
12/17 無期限スト突入
12/18 スト中止

電経会議
（～'52/10）
電事連
（'52/11/20 発足）
（木川田一隆）
電産型賃金拒否
職階給確立
（各社個別交渉）
（各社個別協約）

＜電力9分割1951/5/1＞

地方本部
北海道＜別途協議＞
東北
北陸
関東＜12/17 東電労組妥結，＊地方交渉へ＞
中部＜11/ 組合分裂，＊12/ 地方交渉＞
関西＜スト指令無視，＊12/ 単独交渉＞
中国
四国
九州＜12/17 九州電力労組結成＞
　　＜12/18 ＊単独「労働協約」締結＞

電力会社
北海道
東北
北陸
東京
中部
関西
中国
四国
九州

電力労連（吉田一吉）
（1954/5/2 結成）
全労会議（滝田実）
（1954/4/23 結成）

社会党（右派）
（佐々木良作）

凡例）1. 河西宏祐『電産の興亡』第5章により作成。
　　　2. 但し，極端に図式化したので、正確は期しがたかった。

140

書評：『電産の興亡（1946〜1956年）』

B　経営者側。これに対して経営者側の対応は、第1に、「電産型賃金」は認めない、「職階給確立」をめざす。第2に、9電力会社の新体制になったのだから、「各社個別交渉」を行い「各社個別協定」を結ぶ、というものであった。

C　中央労働委員会（会長中山伊知郎）。中労委の調停案（1952/9/6）は労使ともに拒否し、職権斡旋（1952/11/1）については、経営側は条件付受容、電産は拒否であった。

D　日経連。日経連は、総評の秋季攻勢の中心としての電産ストは天下分け目の闘いであるとして、総力を結集する。鉄鋼聯盟をはじめ各業界各社の電気技術者をスト破りとして派遣することの申合わせ、新聞による世論操作、電源スト反対の"大衆運動"、電源スト禁止法を要求、中小企業の損害賠償請求、等々を推進する。

E　政府。政府は炭労の「保安要員引揚指令」を契機として、「緊急調整権」を発動する。

H　終結。このような情勢のもとで、電産は1952/12/17無期限ストに突入するが、翌18日にはストを中止する。この間、傘下の中部地本・九州地本等では組合分裂が起こるし、関西地本はスト指令を無視し、東京地本は関東配電労働組合（1949年結成）が妥結した故に、等々、主要な地方本部が、それぞれ企業ごとの地方交渉に入ってしまったのである。かくて、電産52年争議は、電産の惨敗におわった。

この間の電産の運動は、電産におけるリーダー・シップの交替とも関連していた。共産系のリーダーは、すでに1950年のレッド・パージでほとんど消滅していたが、今度は、民同派の中が、産業別単一労働組合としての電産を守っていこうとする"民同左派"と、「東北みどり会」のような極右や、企業別エゴイズムに基づいて有利な賃金を求めようとする"民同右派"とに分裂してしまったのである。

そして、戦後日本の労働組合運動をリードしてきた"輝ける電産"も、1956年には「崩壊」してしまったのである（第6章）。ただし、電産中国地方本部のみは、1956年3月以後、電産中央本部を代行して、存続していく。そして、著者の電産史研究は、この電産中国との接触によって、道が開けていくのであった。

若干の論点

　以上、著者積年の研究成果たるこの大著のごく一部分を、筆者の"独断と偏見に満ちている"と批判されているやりかたで紹介してきたが、以下、二・三の論点を、提出しておきたい。

　まず第1には、先行研究との関係についてである。電産史そのものついては、白井泰四郎氏等の仕事があげられているが、やや広げて社会学における労働組合研究あるいは労使関係研究・労働運動研究との関係でみると、この本はどのような位置にあるのだろうか。専攻分野を異にする筆者としては、知りたいところである。著者としては、すでに別著において検討済である[(3)]、ということであるかも知れないが、読者としては、この本に即して知りたいところである。

　第2には、日本における「産業別組合」の性格と可能性という問題である。この著書でも明らかにされているように、電産が"産業別組合"でありえたのは、電力産業の基盤となる発電部門を、「日発」（日本発送電会社）1社が、国家管理のもとで独占していたという条件を抜きにしては考えられなかった。そして、「日発」が「9分割」されてしまうと、「電産」も9つの地域独占企業別の「企業別組合」に分断されてしまったわけである。そこで、筆者の疑問は、通常考えられているような「産業別組合」（イギリス型？）は、日本において可能なのかという問題である。イ．日本の労働者組織の特質は、企業ベースで、労使懇談会（1920年代）になったり、産業報国会（1940年代前半）になったり、闘争委員会（1945/46年前後）になったり、労働組合（1940年代後半－60年代前半）になったり、労使協議機関（1970年代）になったり、変転常ないのが特徴であって、ロ．産業別組合「電産」は、日本の労働組合が最も組合らしかった時代の存在形態ではあったが、日本においては、産業別組合はそれ自体として安定的な組織類型ではなかったのではないか、という疑問である。また、産業別組合という場合にも、かって津田眞澂氏が指摘したように、全米自動車労組における GM Department, Ford Department のような企業別機関が、パターン・バーゲニングのために必要不可欠な重要な位置を占めているとするならば、このタイプの「産業別組合」（アメリカ型？）も、著者が描いている産業別組合のイメージとは大きく異なっているように思われる。した

がって、「産業別組合」という場合にも、イギリス型とアメリカ型とを構成しつつ、それらとも比較しながら"日本型産業別組合"の特徴とその時期的変遷について、仮説的に描いてみる必要があるのではなかろうか。

第3には、「電産型賃金」と"労働者家族"の存在形態についてである。著者と下山房雄氏の紹介によれば、「電産型賃金体系」は「男女差別賃金の根源」である、という見解が存在するそうである。(4) しかしながら、もともと、労働力は家族生活を通じて再生産されるものであり、家族の在り方そのものは歴史的なものなのであるから、電産型賃金成立の歴史的背景としての当該時点における家族の存在形態を抜きにした議論は、有意味とは思われない。「家族社会学」の分野における明治以来現在にいたるまでのでの、日本における労働者家族の存在形態の展開に関する議論を知りたいところである。なお、参考までに記しておけば、筆者は日本資本主義の場合における家族類型とその展開として、以下の5類型を考えている。a1「家父長的家族」（明治産業革命期の農家出身繊維女工に関連して）〔1934年・山田盛太郎〕、a2「都市多就業家族」（明治産業革命期の都市下層男女労働者に関連して）〔1934年・平野義太郎〕、b「勤労人民家族」（大恐慌・戦時期の農家出身次三男都市労働者に関連して）〔1954年・氏原正治郎〕、c「労働者家族」（戦後復興期以後の大企業労働者に関連して）〔1952年・労働科学研究所、1967年・山本潔〕、d「パートナー家族」（20世紀末以降の都市上中層労働者に関連して）〔2006年・山本潔〕の5類型である。(5)「電産型賃金体系」は「男女差別賃金の根源」という見解は、dの「パートナー家族」類型を基準にして、cの「労働者家族」類型を批判しているように筆者には思われる。それでは、家族形態そのものが歴史的存在であることを無視することになってしまうし、dの「パートナー家族」類型そのものも、いまだ日本の労働者家族の主要な存在形態とはなっていないのではなかろうか。家族社会学の専門家の意見を伺いたいところである。

以上、若干の論点を提起したが、いずれも、外在的な論点提起にとどまっていよう。この著者の、年季の入った仕事に対して、内在的批判を行なうことは難しかったからともいえようか。

〔注〕
(1) 河西宏祐『「電産中央本部資料」「電産地方本部資料」―解説および目録―』1983年7月、千葉大学教養部社会学研究室刊)。なお、この資料ブロックは現在、労働政策研究・研修機構に移管所蔵されている。また、東京大学社会科学研究所『資料第9集』『電産十月闘争(1946年)―戦後初期労働争議資料―』(1979年、同所刊) は、河西宏祐氏所蔵の「日発及九配電会社首脳団対日本電気産業労働組合協議会『「団体交渉会議」速記録』(1946/10/7-10/31)」および「中央労働委員会『電産争議調停委員会』議事録』(1946/11/1-12/22)」のゼロックス・コピーに、同氏による「改題」を付して、上梓したものである。
(2) 河西宏祐『聞書:電産の群像』(平原社、1992年)、同『電産型賃金の世界』(早稲田大学出版部、1999年)。
(3) 河西宏祐『日本の労働社会学』(早稲田大学出版部、2001年)。
(4) 河西宏祐『電産の興亡』26頁、下山房雄「社会政策学と賃金問題」(『社会政策学会誌』第12号、法律文化社、2004年) 84頁。
(5) 山本潔「社会政策から労働問題へ」(社会政策学会編『働きすぎ』法律文化社、2006年、126頁)、山本潔『日本の賃金・労働時間』(東京大学出版会、1982年、9-26頁) を参照されたい。

吉田　誠著
『査定規制と労使関係の変容』
(大学教育出版、2007年、Ａ５判、196頁、定価　本体2,400円＋税)

杉山　直
(中京大学)

　本書は、1950年代前半における全日本自動車産業労働組合(以下、全自という)の賃金政策と、それを具体的に展開した日産自動車株式会社(以下、日産という)における日産自動車分会(以下、日産分会という)の賃金闘争を具体的な研究対象としている。そして、著者は、全自の賃金原則と「六本柱の賃金」を中心として、全自が査定の規制をめざし、また当時の日産にあった賃金の歪みを労働者にとってわかりやすい基準で示し、その是正をめざしたことが明らかにされている。

　それは同時に、全自の賃金政策に対する評価に新たな視点を示し、今日における全自の賃金政策に対する議論や関心に一石を投ずるもとなっている。

　さらにいえば、1952年から1953年当時の全自や日産分会に関する新たな資料から、これまでの全自や日産分会の歴史的研究に、新たな知見を提起したものである。

　著者は、本書の問題意識として、「1950年代前半が日本の企業の労使関係や人事管理の重要な転換点をなしていたという理解にたち、その質的転換のもつ意味をある産業別組合の賃金政策とその下部組織による賃上闘争を検討することで明らかにしたい。この時期に、その後の企業社会的秩序の萌芽が見られ、逆にそれとは異なる体制へと向かう道筋が断たれたことを示し」(3頁)、さらに「戦後の労使関係をめぐる歴史的展開のなかで、変質が迫られていた電産型賃金に労働組合がどのような視点からどのように対応しようとしてきたのかを検討する。そして賃金の決め方や賃金闘争のあり方の変化、およびそれへの経営側の対応を検討するなかで、何が現代へと継承され、何が現代に残らなかったのかを考えることにしたい」(5頁)と述べている。

こうした問題意識によって著された著書の構成は、次のようになっている。

第1章　問題意識と研究対象
　1　本書の問題意識
　2　研究対象について
　3　全自の賃金原則と六本柱の賃金
　4　先行研究における評価
　5　1952年秋の賃上闘争を主たる対象とする理由

第2章　全自の賃金原則と査定規制
　1　1952年初頭の賃金原則のプロトタイプ
　2　1952年夏の方針
　3　当時の日産の賃金
　4　人事考課の扱い
　5　小括

第3章　1952年秋の賃上闘争と六本柱の賃金
　1　「業種別」賃金の断念
　2　日産分会における要求書作成過程
　3　六本柱の賃金の特徴
　4　小括

第4章　経営側から見た全自の賃金原則
　1　1952年秋の賃上闘争時の批判
　2　1953年賃上闘争時の批判
　3　日経連の批判
　4　小括

第5章　日産分会のプレミアム闘争と賃金原則
　1　プレミアム賃金の概要
　2　「就いて」文書における基本率の解説
　3　1952年以前のプレミアム賃金をめぐる問題
　4　1952年のプレミアム闘争と秋の賃上闘争

5　小括
第6章　全自の賃金原則と日産労組の賃金四原則
　　1　日産労組の賃金四原則
　　2　賃金と企業の枠
　　3　同一労働同一賃金論と査定規制
　　4　小括
第7章　全自解散前後の日産における労使関係
　　1　組合の名称問題
　　2　分会への攻撃
第8章　結語
付　録　全自日産分会関連年表

　では、各章の概要を評者なりの理解で紹介していきたい。ただし、全ての章を具体的に紹介したいところであるが、紙幅の関係上、本書の中で重要な位置を占めると考えられる第1章から第3章を具体的に紹介していきたい。

　第1章では、著書の問題意識と研究対象として、全自の賃金原則と日産分会の賃上闘争とした理由がまず述べられている。
　著者は、全自の賃金政策や日産分会の賃上闘争を取り上げた大きな理由の一つとして、「額的に『生活保障』で下支えられた『同一労働同一賃金』を柱とする『賃金原則』を打ち出し、これに基づいた賃上闘争に着手していたこと」(6頁) を挙げている。つまり、全自の同一労働同一賃金の原則の構想と、それが経営側へ対抗としての意味を検証することによって、「電産型賃金の変容に対する左派組合の対応」(6頁) を明らかにすることができるからである。
　しかし、同一労働同一賃金の提起は、異種労働異率賃金、つまり異種労働における賃金格差の提起につながる。つまり、同一労働同一賃金の構想は、逆に「望ましい賃金格差」の論理を明らかにすることができる。
　もう一つ大きな理由として、「転換期において選択されなかった（敗北した）路線を検討することは、現代日本が欠落させてきた平等観や公平観を発掘し、別の

歴史的経路の可能性を示唆することにもなる」(7頁)ことを挙げている。著者は「人事処遇制度において戦後秩序の再編が喧伝される現在、これまでの我々の発想から排除されてきた価値観や原理を掬い上げ、新しい時代の処遇制度の原理を考える一助として、1950年代初頭の全自の賃金政策に対する議論や関心が台頭してきている」(同)が、「これらの議論には限界がある」(同)という。　それは、こうした議論が上井善彦氏の『労働組合の職場規制』(東京大学出版会、1994年)に全面的に依拠して展開しているからであるとされる。

　1952年から1953年の大争議に至る過程の闘争の焦点が、賃金原則の実現であったにもかからず、上井氏は大争議の主たる原因を生産現場における労働組合の職場規制や職場闘争であると把握してしまっている。大争議の中で第2組合が作られ、その以降の日産における労働組合の職場規制が評価されるならば、なぜ日産分会が解体されたのかを理解できなくなる。著者は、全自の賃金政策そのものが経営側の方針とは相いれず、全自の賃金思想が企業経営にとって大きな障害となると把握し、日産分会を解体したのは、その賃金思想を回避したためであると理解する。

　そこで、日産の経営側に「回避された全自の賃金思想はどのようなものであり、またどのように経営側と闘ったのか。こうした疑問を解きほぐすには、1953年の争議を惹起することとなった1952年の全自の賃金原則およびこれに基づく賃上闘争を丁寧に検討する必要性が出て」(9頁)くることとなる。つまり、こうした丁寧な検討が、これまであった議論の限界を超えるものとなるのである。

　さて、こうした問題意識が述べられた後、1952年8月に提起された全自の賃金原則(「最低生活保障の原則」、「同一労働同一賃金の原則」、「統一の原則」)と、その実現に向けた闘いで用いられた、「熟練格差」による基本給部分の「最低基準賃金」を示した「六本柱の賃金」と呼ばれる賃上要求案を確認し、その先行研究による評価を概観している。全自の賃金原則と六本柱の賃金についての評価は、大きく二つに分かれてきており、「一般的には、前者に評価の主柱を置く肯定的立場と後者で示されている賃金像に評価の軸足を置く否定論に分かれてきた」(14頁)。

　特に、今日的な議論においては、同一価値労働同一賃金の立場から賃金原則を

高く評価する木下武男氏と、「年功賃金」における客観的要素の規制という点から経験年数に注目し、「六本柱の賃金」を高く評価する赤堀正成氏がいる。

さらに研究対象と関わり、「1952年秋の賃上闘争を主たる対象とする理由」が述べられる。全自と日産分会は1953年の「日産争議」が有名であるが、本書はこの大争議を取り上げない。その理由として、この大争議の中では賃金制度が議論の焦点にはならず、1952年8月に発表された全自の賃金原則を受けての初めての賃上闘争は、1952年の秋の賃上闘争だからである。また、1953年の日産分会の賃上要求も、1952年秋の賃上闘争の「自己批判」の上に成立していると考えるならば、1953年の要求は、前年秋の闘争の経験が活かされていると考えられる。そのように考えると、「1952年秋の闘争の到達点を見るならば自ずと翌年5月の要求書への流れを理解できるようになろう。それゆえ賃金原則と七本柱の賃金をもって闘われた1952年秋の賃上闘争を論じることは、1953年の大争議を理解するための作業としても重要なのである。」(19頁)。(評者注：日産分会は6本ではなく7本となった)。

第2章は、全自の賃金原則に含意されていた査定規制に焦点があてられ考察されている。

第一は、1952年初頭の賃金原則のプロトタイプから賃金原則の形成過程の考察である。1952年2月に発表された「運動方針案」の中に、「最低保障賃金」と「同一労働、同一賃金の原則」という原則が記されていた。著者はこれを賃金原則のプロトタイプとして、賃金原則との比較と「運動方針案」にある全自の「能力給」に対する評価を検討し、「同一労働、同一賃金」が能力給の設定における原則に限定されていたことを確認している。つまり、「経営側の恣意や差別に対抗するという点が『同一労働、同一賃金』に込められた意味ということ」(31頁)である。

また、プロトタイプではまず最低保障賃金が設定され、それに能力給が付加されるという二本建ての賃金の枠組みが考えられていた。これは、戦後影響力を持った電産型賃金を念頭に置いていたとされる。もちろん、電産型賃金は単純な二本建てではなかったが、「全自は単純化して『年齢別最低賃金』と『能力賃金』の形

式で理解していた」(32頁)と考えられるのである。

　こうして著者は「1952年の全自の賃金政策は、電産型賃金を範とする二本建ての賃金を念頭に置き、その査定によって決まる要素である『能力給』部分の決定の論理を組合の側から再構築しようという試みから出発した」(27頁)としている。

　第二は、1952年秋闘の方針と、1952年の秋闘による賃金原則実現の具体的実践の考察である。

　まず、1952年秋闘の方針であるが、この方針には「ベース賃金打破」というスローガンで言い表されているという。このスローガンには、二つの意味があったとされる。一つは、経営側による、「平均賃金額(ベース賃金)を基準とした賃上げの押さえ込みに反対するという意味である」(33頁)。

　もう一つは、「賃金総額をめぐる争いから組合は一歩踏み出し、経営側から個別賃金の決定権を蚕食し、民主化するということを意味している」(同)。要するに、これまでの賃上げの方法では、最終的に配分は経営側によって決められており、経営側の恣意性があり、これを排除しようとするのである。

　こうした恣意性を排除しようとする全自であるが、著者は、全自の職務給や査定に対するスタンスを探ることができるとし、当時、電力産業に導入されようとしていた「職階給」に対する全自の評価を考察している。全自は、電力産業における経営側の提案による「職階給」は、「職務評価と人事考課」に基づいて「基本給」を決定する制度であると理解する。そして、全自はこうした賃金制度に対して「管理・監督労働者の労働を高く位置づけ、現業労働者の賃金を不当に低く抑えこみ、後者の生活を困難とする点を一つの批判の軸とするともに、客観性が保証されていない査定によって経営側の恣意や差別が入り込むことになり、これを梃子に会社側の人格支配が進められることを危惧し」(36-37頁)、「賃金が正当な労働の対価としてではなく、経営側が管理を貫徹するための道具となっており、総合決定給と同じように経営者の胸先三寸で賃金が決まってしまうことに問題をみていた」(38頁)とされる。

　こうして全自は、現状の自動車産業における賃金が「電産型賃金」という認識にたち、電力産業における職階給は他人事ではなく、むしろ経営側からの攻撃が開始される前に、全自の賃金原則をもとに「電産型賃金」を改変することを要求

していくことになり、基本給の明確化や査定規制を追求することが、秋の賃上闘争の課題の一つとなるのであったとされる。

さらに著者は、「当時の日産の賃金」と1952年秋の賃金闘争における組合の査定規制の取り組みに考察を進める。1952年の日産における賃金をみると、基準内賃金における基本給の比率が4.9％と低く、臨時手当が54.3％と臨時手当が非常に大きな比重をしている。もう一つは、賃金格差が緩やかな年功的カーブを描いているものの、同じ年度に入社した者同士において大きな格差がある。著書では組合員の低賃金に対する不満の資料が掲載されているが、組合員には低賃金の理由はわからない。いずれにせよ、当時の日産の賃金は、賃金決定の原理が曖昧なものとなっていたのである。

日産分会は1952年10月に会社側に要求書を提出する。著者は、これ以降の日産分会の取り組みとその成果を考察している。成果の一つとして、基本給と臨時手当が合算され、新基本給となったこと、そして「熟練度の代理指標としての経験を基本給決定の原理の一つに組み込むことができた」(51頁)ことである。また、経営側の一方的な人事考課をやめさせ、例えば昇給を一律7％とさせ、昇給率の加算率を増減させる要因を出勤率だけにさせている。さらには、「加給」の格付けが「成績良好な者ならびに役付」とあったものの、「役付」を削除させている。

なお、先行研究ではこの査定の規制について明らかにされてなったとされているが、著者の研究により、査定規制を存在とその内容が明らかにされている。

第3章では、六本柱の賃金の形成プロセスに対する考察が行なわれている。

六本柱の賃金は、経験年数をもとに基本給部分に関わる最低基準賃金を定めたものである。したがって、同一労働同一賃金の原則と六本柱の賃金は、対立的な要素を包含しているようにみえ、同一労働同一賃金の原則と論理的な整合性に対して疑問が生ずる。著者も述べているように「例えば、同じ仕事を経験年数の異なる労働者が遂行した場合の問題に答えられないし、また、異なる職種間でも経験年数が同じであれば賃金も同じなのか、異種労働異率賃金はどう考えられていたきかなどの疑問がもちあがる。もし、六本柱の賃金はどのような『同一労働同一賃金』の理解のもとに組み立てられていたのだろうか」(59頁)。

そもそもこうした疑問は、著者によれば「最近の論考を含め、これまでの研究で取り上げられているところの全自の六本柱の賃金の評価は、その成立経過や闘争の中で果たした役割を無視して外側だけから判断されてきた。とりわけ六本柱の賃金が額をめぐる賃金要求案であったこととかけ離れて、実体化された制度・体系であるかのように扱われている」(同)ことが原因であるという。そこで、著者は六本柱の賃金の形成プロセスを取り上げ、その実像を明らかにしようとするのである。

さて、このプロセスを著者の議論に基づいて整理したいのであるが、評者にとってそれを行なうことは非常に難しい。そこで先に、疑問の原因との関係で、第3章で著者が明らかにしたことを紹介することにしたい。

著者は、先に六本柱の賃金が「実体化された制度・体系であるかのように扱われている」と述べていた。著者は、そもそも「六本柱の賃金だけをもって当時の全自が構想していた賃金を評価しようとするならば、それは大きな間違いとなろう」(78頁)としている。六本柱の賃金は、「確かに、賃金原則を具現化させようとする賃金要求であったが、しかしこの意味では未完成なものであった。とりわけ第二原則の精神を完全に具体化できていたわけではなく、あくまでも過渡的性格しか有していないものであった」(78-79頁)。

そしてもう一つは、すでに著者が指摘しているように、六本柱の賃金はあくまでも賃金額の要求案でしかなかったということである。全自は、方針として賃金闘争を理念的なあり方から取り組むというよりも、現場の抱えている問題を重視し、これに比重を置いていたことが明らかにされているが(61頁)、六本柱の賃金は「普通生産労働について経験年数に読み替えられた熟練度に基づいて最低限獲得すべき賃上げ目標基準を記した表でしか」(79頁)なかった。そして「そうした額が実現されるよう現行の賃金制度の下で是正することを求めていたということであって、会社側の出してくる賃金体系の下で最低限獲得すべき基準を提示したもの」(同)で、組合は賃金制度として細部まで検討して設計しているのではなかった。

しかしながらも、こうした六本柱の賃金には「同一労働同一賃金のスローガンの二つの理解が反映している」とされる。つまり、一つは恣意的で差別的な査定

や配分を是正するスローガンとしての同一労働同一賃金論」(同)であり、労働者にとってわかりやすい基準で格差を示し、現行の賃金の問題を明確にするためには、「熟練度＝経験年数」という尺度が採用されたのである。

　もう一つは、「同一労働同一賃金は異種労働異率賃金という考え方を内包している」が、これは「職場間、職種間での労働の格差付けを意味することになるが、その格差付けのルールや方法を全自は積極的に構想しようとしなった」(同)。しかしながら、全自は仕事の質的な側面からの賃金決定をめざしており、1952年秋の賃上闘争では、その点に関わり、生産労働者の思いであった「特殊作業手当」という形で職場から要求を提出させたのである。そして、この延長上において、各職種毎に習熟度別による最低賃金を作る方針であったが、全自は職場からの要求を総合する方法はなく、結局、「各職種の要求の基礎がわからず分裂賃金となると職場から批判がでて断念さぜるをえなかったのである」(80頁)。

　第4章では、経営側が全自の賃金政策をどのようにみていたのかが考察されている。

　1952年秋の賃上闘争において、日産は全自の賃金原則と日産分会の七本柱の賃金に対して、賃金額の水準での議論だけであり、配分の問題については反論できていない。著者は、日産から労働者と家族へあてた文書を考察し、「会社側はこの時点では全自の賃金原則に全面的に対抗できるほどの新たな構想をもっていなかったといっても過言ではあかろう」(86頁)と判断している。そして、日産は1952年秋の賃上闘争においては、組合に押し切られることになったとされる。

　しかしながら1953年には、日産は全自の賃金原則およびそれに基づく賃上要求に対して、より姿勢を明確にして非難することになる。特に、配分に関する問題から、七本柱の賃金において経験年数を唯一の尺度として熟練度としている点から、日産は「年齢」に準拠したものであると解釈し、日産分会の賃金要求に対して攻撃し、「従業員の日産分会からの離反を画策していた」(89頁)とされる。

　次に著者は、日経連が1953年6月に発行した『今次の自動車の賃金要求について』の中で、日産分会の賃上要求批判を挙げ、「①熟練格差と賃金格差、②マーケット・バスケット方式、③職種別賃金と能力プール」(同)について考察を行なっている。

こうした考察を通じて、著者は全自の賃金原則と日産分会の賃金要求に対する経営者の姿勢を、次のように総括している。

　「日経連および日産経営陣は、手を携えて全自の賃金原則および日産分会の賃金要求の批判を構築していったとみてよい。その中で、配分の決定権限を絶対に組合に譲り渡してはいけないことが明確に意識されるようになった。この点で、1953年の経営側の問題意識は分会による人事権の蚕食を食い止め、その不可侵性を確立することにあったのであり、分会と妥協を画策した1952年秋とは全く位相を異にしていたのである」(92頁)。

　第5章は、日産の賃金要素として「プレミアム」と呼ばれた生産奨励金に関わる1952年の闘争が考察される。

　まず、著者はプレミアム制度に関する新資料に基づいて、プレミアム制度の理解を深化させている。そして、1952年からのプレミア闘争から1953年の賃上要求においてプレミアム賃金が廃止された過程を考察している。先行研究では、「プレミアム闘争と全自の掲げた賃金原則との関連が欠如しているという問題を抱えて」(94頁)とされる。しかし、著者はこの考察を通じて、日産分会がプレミアム賃金を基本給に追加的な賃金部分という理解から、日産分会がこうした賃金を労働との関係で問い直し、それが賃金原則と結合されることによって「プレミアム部分も基本給の設定や査定規制などと統一的に取り扱われるべきだという理解に転換され」(109頁)、「この結果、プレミアムをめぐる争点も、そもそも賃金とは『労働の質と量』に対応すべきだとした賃金原則を掲げた闘いへと解消されることになったのである」(同)と、全自の賃金原則との関係を示している。

　第6章は、第二組合である日産自動車労働組合(以下、日産労組という)が1955年の発表した「賃金四原則」と、全自の賃金原則の比較の考察である。

　著者は、全自の賃金原則を掲げて争われた1952年秋の賃上闘争で、中小部品メーカーと大手最終組立メーカーとが連携することで、その賃金格差を是正する試みがなされ、その結果、下請や販売店の問題を日産分会と日産との協議事項としたことを明らかにし、第三原則の意義を示している。つまり、全自の賃金原則と日

産労組の賃金四原則の「最も顕著な差は、企業横断的な賃率への志向が破棄され、生産性格差に基づく企業別賃金格差の是認のもと、企業競争へと水路付け」(124頁)、「『圏体制』の確立による関連中小企業の近代化という方針も、労働条件改善それ自体を目標としていたというよりも、親企業の競争力の強化という目的に従属するものであった」(同)と、その違いを明らかにしている。

そして、著者は日産労組の同一労働同一賃金の考察を通じて、それは潜在能力の評価を伴う人事制度を呼び込むものであることを明らかにし、「日産労組の賃金四原則からは管理手段としての賃金、管理的賃金への対抗という観点が消滅している」(121頁)と、本質的な問題を指摘している。

第7章は、全自解散前後から日産分会が解散するまでの、日産分会への攻撃が明らかにされている。1954年に全自は解散するが、日産分会は1956年夏までその活動を続ける。この過程の中で、日産分会は日産と日産労組から、どのような攻撃を受け、解体に追い込まれていくかが明らかにされている。特に、日産分会を最終的に解体する手段として使われた「特命制度」は、際立ったものであった。これが、分会員を日産から排除したのである。

日産労組と日産による日産分会解体の過程は、まさに日産内での民主主義の抑圧の過程であったことが明らかにされている。

第8章は、これまでの著書を通じて明らかとなったことのまとめがなされている。つまり、全自の賃金原則や六本柱の賃金が持っていた問題意識などを総括し、その含意を明らかにしている。

全自や日産分会は、賃金原則と六本柱（七本柱）の賃金をもとにして、経営側の査定に対して規制をかけ、人事権を蚕食していこうとした。しかしながら、こうした全自や日産分会に対して、経営側はこうした組合に対して妥協はなく、最終的には、日産労組（第二組合）の結成と全自と日産分会の解散にまで追い込み、日産労組の賃金四原則が正当化され、新たな職場秩序が形成されたのである。

もはや紙幅の関係上、多くを述べる余裕はない。これまで紹介してきたように、

本書の内容は、取り上げるべきものが非常に多く、その紹介だけでもまだ不十分となってしまった。

　本書はすでに述べたように、新しい資料に基づき全自の賃金政策に対する新たな評価の視点を示し、全自や日産分会の歴史的研究に新たな知見を提起したものといえる。それは、具体的で説得力のあるものであった。

　また、今日における査定や人事権への規制との関係で、本書は労働組合に関わる労働者も、ぜひ一読を進めたい。本書で明らかにされた全自や日産分会の賃金政策に対する問題意識や、具体的な実践において、今日の労働組合において示唆があるのではないかと思う。

　しかし歴史的な研究の評価は難しい。1950年代前半は、労働組合も非常に大きな変化の中にいた。そのような歴史的な中で、全自の賃金政策をみることで、著者の問題意識は、どれだけ解決できたのであろうか。1950年代前半における全自の労働組合運動全体の中での相対的位置というのは、どのような位置あったのであろうか。

　ところで、トヨタは1950年の大争議と1953年の争議で労働組合を敗北に追い込み、その過程で労働組合の変質に取り組んできた。1950年代の労使関係は、トヨタにおいてもその後の労使関係をみる上で、非常に重要な時期である。評者は、本書を読み進む中で、1950年代前半におけるトヨタの労働組合と全自との関係について、改めて関心を持った。トヨタ自動車労働組合の組合史を評者なりにみると、そこには全自の賃金原則や六本柱の賃金は記されていないのである。これはなぜであろうか？　また全自の賃金政策は他の分会（運動の主体）において、どのように運動課題として受け止められていたのであろうか。疑問は尽きない。

　最後に、書評の機会を与えていただくことになったが、不十分な書評となったことをご容赦いただきたい。

日本労働社会学会会則

(1988年10月10日　制定)
(1989年10月23日　改訂)
(1991年11月5日　改正)
(1997年10月26日　改正)
(1998年11月2日　改正)

[名　称]

第1条　本会は、日本労働社会学会と称する。
　　2　本会の英語名は、The Japanese Association of Labor Sociology とする。

[目　的]

第2条　本会は、産業・労働問題の社会学的研究を行なうとともに、これらの分野の研究に携わる研究者による研究成果の発表と相互交流を行なうことを通じて、産業・労働問題に関する社会学的研究の発達・普及を図ることを目的とする。

[事　業]

第3条　本会は次の事業を行う。
　(1)　毎年1回、大会を開催し、研究の発表および討議を行なう。
　(2)　研究会および見学会の開催。
　(3)　会員の研究成果の報告および刊行 (年報、その他の刊行物の発行)。
　(4)　内外の学会、研究会への参加。
　(5)　その他、本会の目的を達成するために適当と認められる事業。

[会　員]

第4条　本会は、産業・労働問題の調査・研究を行なう研究者であって、本会の趣旨に賛同するものをもって組織する。

第5条　本会に入会しようとするものは、会員1名の紹介を付して幹事会に申し出て、その承認を受けなければならない。

第6条　会員は毎年 (新入会員は入会の時) 所定の会費を納めなければならない。
　　2　会費の金額は総会に諮り、別途定める。
　　3　継続して3年以上会費を滞納した会員は、原則として会員の資格を失うものとする。

第7条　会員は、本会が実施する事業に参加し、機関誌、その他の刊行物の実費配布を受けることができる。

第8条　本会を退会しようとする会員は書面をもって、その旨を幹事会に申し出なければならない。

[役　　員]

第9条　本会に、つぎの役員をおく。

　(1) 代表幹事　1名
　(2) 幹　　事　若干名
　(3) 監　　事　2名

　役員の任期は2年とする。ただし連続して2期4年を超えることはできない。

第10条　代表幹事は、幹事会において幹事の中から選任され、本会を代表し会務を処理する。

第11条　幹事は、会員の中から選任され、幹事会を構成して会務を処理する。

第12条　監事は、会員の中ら選任され、本会の会計を監査し、総会に報告する。

第13条　役員の選任手続きは別に定める。

[総　　会]

第14条　本会は、毎年1回、会員総会を開くものとする。

　2　幹事会が必要と認めるとき、又は会員の3分の1以上の請求があるときは臨時総会を開くことができる。

第15条　総会は本会の最高意思決定機関として、役員の選出、事業および会務についての意見の提出、予算および決算の審議にあたる。

　2　総会における議長は、その都度、会員の中から選任する。

　3　総会の議決は、第20条に定める場合を除き、出席会員の過半数による。

第16条　幹事会は、総会の議事、会場および日時を定めて、予めこれを会員に通知する。

　2　幹事会は、総会において会務について報告する。

[会　　計]

第17条　本会の運営費用は、会員からの会費、寄付金およびその他の収入による。

第18条　本会の会計期間は、毎年10月1日より翌年9月30日までとする。

［地方部会ならびに分科会］
第19条　本会の活動の一環として、地方部会ならびに分科会を設けることができる。
［会則の変更］
第20条　この会則の変更には、幹事の2分の1以上、または会員の3分の1以上の提案により、総会の出席会員の3分の2以上の賛成を得なければならない。
［付　　則］
第21条　本会の事務執行に必要な細則は幹事会がこれを定める。
　　2　本会の事務局は、当分の間、代表幹事の所属する機関に置く。
第22条　この会則は1988年10月10日から施行する。

編集委員会規定

(1988年10月10日　制定)
(1992年11月 3 日　改訂)

1. 日本労働社会学会は、機関誌『日本労働社会学会年報』を発行するために、編集委員会を置く。
2. 編集委員会は、編集委員長1名および編集委員若干名で構成する。
3. 編集委員長は、幹事会において互選する。編集委員は、幹事会の推薦にもとづき、代表幹事が委嘱する。
4. 編集委員長および編集委員の任期は、幹事の任期と同じく2年とし、重任を妨げない。
5. 編集委員長は、編集委員会を主宰し、機関誌編集を統括する。編集委員は、機関誌編集を担当する。
6. 編集委員会は、会員の投稿原稿の審査のため、専門委員若干名を置く。
7. 専門委員は、編集委員会の推薦にもとづき、代表幹事が委嘱する。
8. 専門委員の任期は、2年とし、重任を妨げない。なお、代表幹事は、編集委員会の推薦にもとづき、特定の原稿のみを審査する専門委員を臨時に委嘱することができる。
9. 専門委員は、編集委員会の依頼により、投稿原稿を審査し、その結果を編集委員会に文書で報告する。
10. 編集委員会は、専門委員の審査報告にもとづいて、投稿原稿の採否、修正指示等の措置を決定する。

付則1. この規定は、1992年11月3日より施行する。
　　 2. この規定の改廃は、編集委員会および幹事会の議を経て、日本労働社会学会総会の承認を得るものとする。
　　 3. この規定の施行細則（編集規定）および投稿規定は、編集委員会が別に定め、幹事会の承認を得るものとする。

編集規定

(1988年10月10日　制定)
(1992年10月17日　改訂)
　　　　（幹事会承認）

1. 『日本労働社会学会年報』(以下本誌)は、日本労働社会学会の機関誌であって、年1回発行する。
2. 本誌は、原則として、本会会員の労働社会学関係の研究成果の発表に充てる。
3. 本誌は、論文、研究ノート、書評、海外動向等で構成し、会員の文献集録欄を随時設ける。
4. 本誌の掲載原稿は、会員の投稿原稿と編集委員会の依頼原稿とから成る。

年報投稿規定

(1988年10月10日　制定)
(1992年10月17日　改訂)
(2002年 9 月28日　改訂)
　　　　（幹事会承認）

1. 本誌に発表する論文等は、他に未発表のものに限る。他誌への重複投稿は認めない。既発表の有無、重複投稿の判断等は、編集委員会に帰属する。
2. 投稿された論文等の採否は編集委員会で審査の上、決定する。なお、掲載を決定した論文等について、より一層の内容の充実を図るため、補正、修正を求めることがある。
3. 原稿枚数は、原則として400字詰原稿用紙60枚以内とする。
4. 書評、その他の原稿枚数は、原則として400字詰原稿用紙20枚以内とする。
5. 投稿する会員は、編集委員会事務局に、審査用原稿コピーを2部送付する。
6. 原稿は所定の執筆要項に従うこととする。

日本労働社会学会幹事名簿

幹　　事

藤田　栄史　　（名古屋市立大学）　　代表幹事
赤堀　正成　　（労働科学研究所）
秋元　　樹　　（日本女子大学）
榎本　　環　　（駒沢女子大学）
大重光太郎　　（独協大学）
大野　　威　　（岡山大学）
加藤喜久子　　（北海道情報大学）
神谷　拓平　　（茨城大学）
河西　宏祐　　（早稲田大学）
木下　武男　　（昭和女子大学）
京谷　栄二　　（長野大学）
笹原　　恵　　（静岡大学）
武居　秀樹　　（都留文科大学）
筒井　美紀　　（京都女子大学）
中川　　功　　（拓殖大学）
中囿　桐代　　（釧路公立大学）
古田　睦美　　（長野大学）
吉田　秀和　　（龍谷大学）
吉田　　誠　　（香川大学）

（所属は2008年3月現在）

年報編集委員会

赤堀　正成　　編集長
木下　武男　　編集委員
京谷　栄二　　編集委員

ISSN 0919-7990

日本労働社会学会年報 第18号
<u>労働調査を考える</u>
2008年5月30日　発行

　□編　集　日本労働社会学会編集委員会
　□発行者　日本労働社会学会
　□発売元　株式会社 東信堂

日本労働社会学会事務局
〒432-8021　静岡県浜松市中区城北3-5-1
静岡大学情報学部　笹原恵研究室
TEL/FAX　053-478-1532
E-mail　sasahara@inf.shizuoka.ac.jp
学会 HP　http://www.jals.jp

株式会社 東信堂
〒113-0023　文京区向丘1-20-6
TEL　03-3818-5521
FAX　03-3818-5514
E-mail　tk203444@fsinet.or.jp
東信堂 HP　http://www.toshindo-pub.com

ISBN978-4-88713-832-2　C3036

「日本労働社会学会年報」バックナンバー（12号以降）

ゆらぎのなかの日本型経営・労使関係
——日本労働社会学会年報⑫——
日本労働社会学会編

〔執筆者〕藤田栄史・林大樹・仲野（菊地）組子・木下武男・辻勝次・八木正・嵯峨一郎・木田融男・野原光・中村広伸・小谷幸・筒井美紀・大久保武ほか

A5／276頁／3300円　4-88713-416-9　C3036〔2001〕

新しい階級社会と労働者像
——日本労働社会学会年報⑬——
日本労働社会学会編

〔執筆者〕渡辺雅男・白井邦彦・林千冬・木村保茂・大山信義・藤井史朗・飯田祐史・高木朋代・浅川和幸ほか

A5／220頁／3000円　4-88713-467-3　C3036〔2002〕

階層構造の変動と「周辺労働」の動向
——日本労働社会学会年報⑭——
日本労働社会学会編

〔執筆者〕丹野清人・龍井葉二・久場嬉子・西野史子・伊賀光屋・浅野慎一・今井博・勝俣達也ほか

A5／256頁／2900円　4-88713-524-6　C3036〔2003〕

若年労働者——変貌する雇用と職場
——日本労働社会学会年報⑮——
日本労働社会学会編

〔執筆者〕筒井美紀・林大樹・藤田栄史・山根清宏・小村由香・土井徹平・佟岩・浅野慎一・青木章之助ほか

A5／216頁／2700円　4-88713-524-6　C3036〔2005〕

仕事と生きがい——持続可能な雇用社会に向けて
——日本労働社会学会年報⑯——
日本労働社会学会編

〔執筆者〕藤原眞砂・櫻井純理・高木朋代・渡辺めぐみ・董荘敬

A5／208頁／2500円　4-88713-674-9　C3036〔2006〕

東アジアの労使関係
——日本労働社会学会年報⑰——
日本労働社会学会編

〔執筆者〕徐向東・金鎔基・惠羅さとみ

A5／136頁／1800円　4-88713-786-8　C3036〔2007〕

※　ご購入ご希望の方は、学会事務局または発売元・東信堂へご照会下さい。
※　本体（税別）価格にて表示しております。